Stendhal

mit Selbstzeugnissen und Bilddokumenten
dargestellt von Michael Nerlich

Rowohlt

**rowohlts monographien begründet von Kurt Kusenberg
herausgegeben von Wolfgang Müller**

Redaktionsassistenz: Katrin Finkemeier
Umschlaggestaltung: Walter Hellmann
Vorderseite: Stendhal. Bleistiftzeichnung von Wicar
(Musée Stendhal de Grenoble)
Rückseite: Titelblatt der Erstausgabe von
«Le Rouge et le Noir», Paris 1831 (Privatsammlung)
Frontispiz: Jean-Louis Ducis: Stendhal (1835)
(Biblioteca Comunale di Milano)

Originalausgabe
Veröffentlicht im Rowohlt Taschenbuch Verlag GmbH,
Reinbek bei Hamburg, März 1993
Copyright © 1993 by Rowohlt Taschenbuch Verlag GmbH,
Reinbek bei Hamburg
Alle Rechte an dieser Ausgabe vorbehalten
Satz Times PostScript Linotype Library, PM 4.2
Langosch Grafik + DTP, Hamburg
Gesamtherstellung Clausen & Bosse, Leck
Printed in Germany
1090-ISBN 3 499 50525 8

Inhalt

Eine jakobinische Kindheit 7

Von Paris über Marseille und Mailand nach Paris 26
   Die «Pharsalia» / Das «Tagebuch» und die «Briefe» / Die «Vita nova» /
   «Letellier»

Im Dienst des Empereur 41

Mailand, oder die Geburt Stendhals 57
   «Das Leben Haydns, Mozarts und Metastasios» / Die «Geschichte
   der Malerei in Italien» / «Rom, Neapel und Florenz 1817» / «De l'amour»

Im Pariser Exil 66
   «Racine und Shakespeare» / Das «Leben Rossinis» / «Von einem
   neuen Komplott gegen die Industriellen» / «Armance» / «Flanieren in Rom» /
   «Vanina Vanini» und «Mina de Vanghel» / «Rot und Schwarz»

Konsul in Civitavecchia 91
   «San Francesco a Ripa» / «Die egotistischen Erinnerungen» /
   «Lucien Leuwen» / «Das Leben des Henry Brulard»

Schreiben in Paris 104
   Die «Erinnerungen eines Touristen» / Die «Italienischen Chroniken» /
   «Die Kartause von Parma»

Arrigo Beyle Milanese, oder die Begegnung mit dem Nichts 117
   «Lamiel» / Balzacs «Kartause»-Rezension / Stendhals letztes Wort

Zu Stendhals Nachleben 127

Anmerkungen 135
Zeittafel 138
Zeugnisse 141
Bibliographie 147
Namenregister 153
Nachbemerkung 158
Über den Autor 159
Quellennachweis der Abbildungen 160

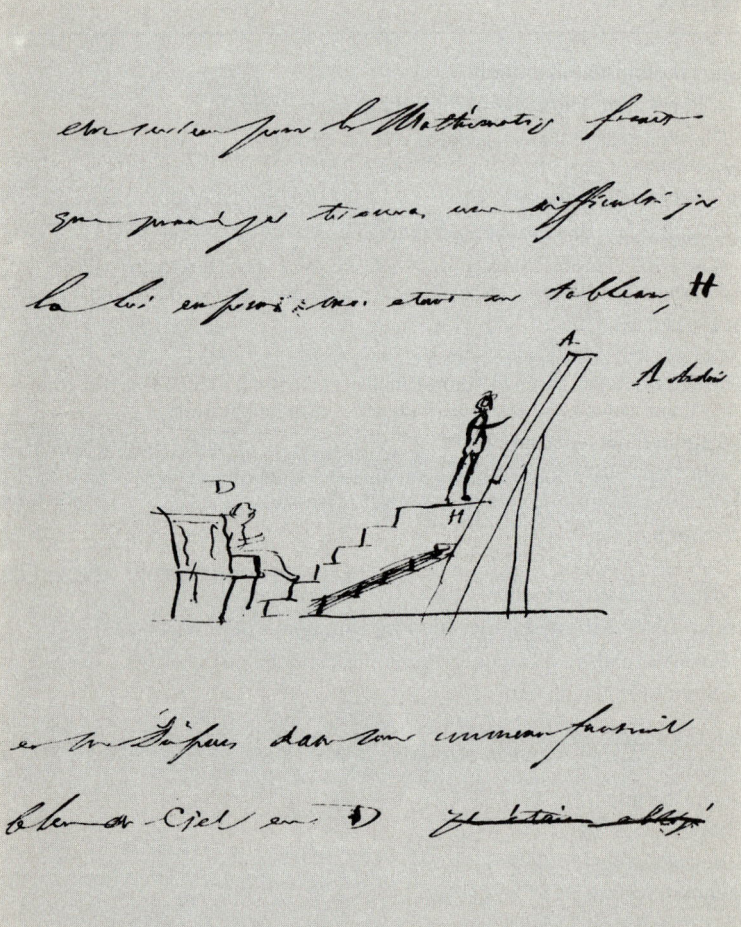

Henri Beyle an der Wandtafel. Manuskriptseite aus «La vie de Henry Brulard»

Eine jakobinische Kindheit

Über Stendhals Kindheit und Jugend sind wir durch die *Vie de Henry Brulard (Das Leben des Henry Brulard)* vorzüglich unterrichtet, eine Erinnerungsarbeit, die (von Exkursen in andere Epochen seines Lebens abgesehen) die Zeit von der frühesten Kindheit in Grenoble bis zu seinem ersten Aufenthalt in Italien umfaßt und die Stendhal 1835/36 als Konsul in Civitavecchia niederschrieb. Natürlich muß ein derartiger, in doch schon fortgeschrittenem Alter ohne Möglichkeit der dokumentarischen Verifizierung verfaßter Bericht Erinnerungslücken und -fehler enthalten, aber das, was Stendhal nicht tun konnte, hat seither die Stendhal-Forschung besorgt, und wenn sie auch bisweilen Irrtümer feststellen mußte, ließ sich doch die grundsätzliche Richtigkeit der von Stendhal notierten Fakten beweisen. Dazu kommt, daß sein Publikationsverzicht zu Lebzeiten, ja sein Publikationsverbot während der ersten fünfzehn Jahre nach seinem Tod für einen hohen Grad an objektivem Selbsterkennungswillen bürgt, auch wenn dies die subjektive Einseitigkeit seiner Erinnerungen nicht ausschließt, deren erkenntniskritische Problematik Stendhal selbst bereits bedacht hat: *ich beanspruche nicht, die Dinge selbst darzustellen, sondern allein die Wirkung, die sie auf mich ausgeübt haben*[1]. Und für das Kennenlernen dieser Wirkung, seines Erlebens und Empfindens bilden der *Brulard*, aber auch seine Korrespondenz und sein *Tagebuch* eine um so solidere Basis, als sich aus ihnen die Entfaltung eines Charakters ablesen läßt, deren innere Konsequenz nicht nur die Forschung verblüfft hat. *Ich schließe aus dieser Erinnerung,* ruft Stendhal aus, *daß ich 1793, vor zweiundvierzig Jahren, bereits so auf die Jagd nach dem Glück ging wie heute. Mit anderen, verständlicheren Worten: mein Charakter war damals bereits absolut derselbe wie heute.*[2]

Henri-Marie Beyle, geboren am 23. Januar 1783, Bruder der Pauline-Eléonore, geboren 1786, und der Marie-Zénaïde-Caroline, geboren 1788, hat seine Kindheit und erste Jugend in Grenoble, das er auch einen *Brechreiz* nennt oder einen *Dreck*, weitgehend als einen Alptraum empfunden. Das Unglück begann, laut Stendhal, am 23. November 1790, als seine Mutter Henriette Gagnon im Kindbett starb: *mit meiner Mutter*

Pauline-Eléonore Beyle

*ging alles Glück meiner Kindheit zuende*³, schreibt er und fügt hinzu: *vor fünfundvierzig Jahren habe ich das verloren, was ich in dieser Welt am meisten liebte*⁴. Selig erinnert er sich an die Versuche, die nackte Mutter zu küssen, an Körperkontakte, die so innig waren, daß sie zu ihm auf Distanz gehen mußte, und er evoziert jenes Erlebnis, das manchem Stendhal-Leser zum Skandalon wurde: *Eines abends, als man mich aus irgendeinem Anlaß auf einer Matratze in ihrem Schlafzimmer auf dem Fußboden gebettet hatte, sprang diese lebendige Frau leicht wie ein Reh über meine Matratze, um schnell auf ihr Bett zu gelangen.*⁵ Diese glückselige Erinnerung an den Schoß der Mutter verbindet sich mit der Erinnerung an die störende Existenz des Vaters, Chérubin Beyle, Advokat, geboren 1747, dem er den Tod seiner Mutter nie verzieh. Dazu kommt, daß Chérubin die jüngere Schwester Henriettes, Séraphie (1760–1797), den Haushalt führen ließ. Hatte er mit ihr ein Verhältnis? Stendhal läßt dies durchblicken und bekennt auch, auf sie eifersüchtig gewesen zu sein, ja, sie mehr noch als den Vater, den *Bastard,* wie er ihn später zu nennen pflegt, gehaßt zu haben. Als Séraphie starb, so erinnert sich Stendhal, fiel er *auf die Knie, um Gott für diese große Befreiung zu danken*⁶. Was normalerweise als wohlbehütete Kindheit verstanden werden dürfte, hatte

Marie-Zénaïde-
Caroline Beyle

für Henri die Dimensionen einer geistigen Unterdrückung, die er der bornierten Welt der Grenobler Bourgeoisie insgesamt zuschreibt und die er – stellvertretend – mit einer Gestalt aus Molières Komödien assoziiert: dem Bürger Chrysale aus den «Femmes savantes», zu dem später noch Philinte aus dem «Misanthrope» tritt. Er erblickt in den von Molière positiv verstandenen Gestalten schon als Kind Repräsentanten bourgeoiser Heuchelei, was im übrigen seine Auseinandersetzung mit Molière mit einer ganz vertrackten Hypothek belasten wird. Zu tiefergehenden Gesprächen mit dem Vater, dem er seinen (tatsächlichen oder vermeintlichen) Geiz sowenig verzeihen wird wie die Leidenschaft für die Landwirtschaft und die Bauspekulation, die ihn ruinieren und Stendhal um eine beträchtliche Erbschaft bringen wird, kommt es nicht: das Haus Beyle, dessen Grundriß Stendhal im *Brulard* wie so viele andere Erinnerungen als Zeichnung in den Text einfügt, war der Ort auf Nützlichkeit abgestellter bürgerlicher Erziehung, eine Welt, in der Spiel und Lektüre nur dann geduldet wurden, wenn sie dem Lernen dienten: *Wer vermag dies zu glauben?* ruft er aus, *wenn mein Vater sah, daß ich [beim Lesen] in Lachen ausbrach, schimpfte er mit mir, drohte, mir das Buch wegzunehmen, was er mehrmals machte, und er nahm mich mit auf seine Felder, um*

Das väterliche Haus in Grenoble (links)

mir seine Meliorationsprojekte ... zu erklären.[7] Nach und nach begann Henri Beyle, alles zu verabscheuen, was mit seinem Vater zu tun hatte, von diesem für richtig gehalten wurde oder diesem gefiel. Das hatte zum Teil erhebliche Konsequenzen für die ästhetisch-weltanschauliche Entwicklung Stendhals, da die Ablehnung des Vaters unauflöslich mit dessen Erscheinungsbild und Fragen der ästhetischen Wahrnehmung insgesamt verbunden war: *ich fand meinen Vater sehr häßlich*, schreibt er über den trauernden Chérubin. *Er hatte geschwollene Augen und die Tränen übermannten ihn unaufhörlich.*[8] Und die Erinnerung an die Tränen, die der Vater vergießt, als Henri 1799 zum Studium nach Paris aufbricht, mündet in den Kommentar: *Der einzige Eindruck, den dies auf mich machte, war, ihn sehr häßlich zu finden.*[9]

Henri flüchtete sich in die Literatur, die ihn schon früh mit Kategorien

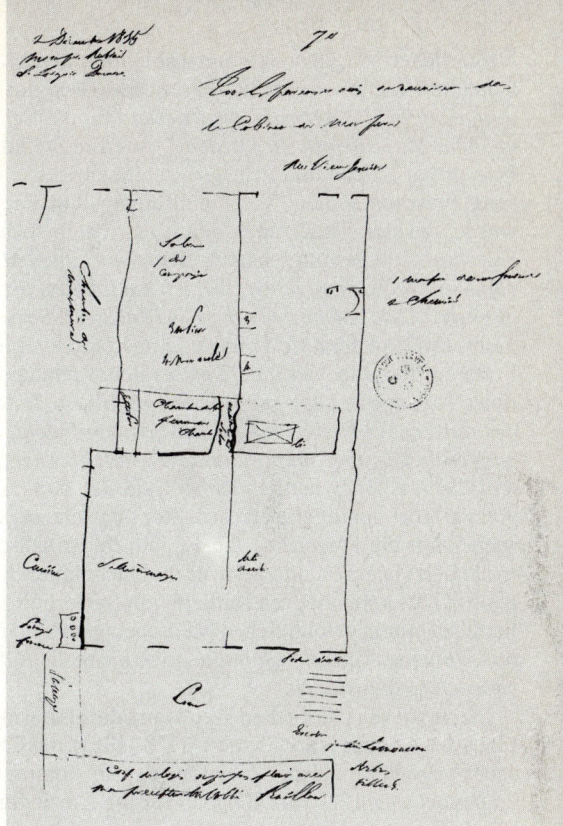

Der Grundriß
des väterlichen Hauses
im Manuskript
Stendhals zu «La vie de
Henry Brulard»

der Weltbewertung ausstattete, und der Vergleich zwischen den Helden
Ariosts und Chérubin oder Séraphie, seinen *Tyrannen*, fiel nicht zu deren
Gunsten aus, was man belächeln mag, was man aber zumindest auf seine
Ursachen befragen sollte, zumal – pars pro toto – der Schauder vor den
Tränen des Vaters den ersten Impuls für eine grundsätzliche Ablehnung
von Larmoyanz auch und gerade in Kunst und Literatur gegeben hat. Das
ist vor allem in Stendhals Verhältnis zu Jean-Jacques Rousseau evident,
denn dieser hatte das Pech, von Beyles Vater auf dessen Art verehrt zu
werden: erpicht auf Gefühlsseligkeit, *verdammte [er] ihn gleichzeitig als
Häretiker*[10]. Das wird dazu beitragen, daß Stendhal die Empfindsamkeit
Rousseaus und den entsprechenden Sprachstil ablehnt und dagegen
verehrt, was dem Vater verdammenswert erschienen sein dürfte: die
(Selbst-)Analyse des konkreten, sinnlich-geistigen Individuums, das die

bürgerlichen Moralvorstellungen ablehnt und nach natürlicher Ursprünglichkeit ruft. Die – wenn auch häretische – Religiosität Rousseaus, *der den doppelten Fehler... besaß, die Priester und die Religion zu loben und von meinem Vater gelobt zu werden*[11], war für Stendhal ein Horror. Dieser Horror vor Kirche und Priestern setzte ein, als er Zeuge einer Unterhaltung zwischen seinem Vater und einem ihm unsympathischen Priester wurde, der den Trauernden damit zu trösten suchte, daß der Tod seiner Frau von Gott gewollt sei: *dieses Wort von einem Menschen, den ich haßte, zu einem Menschen gesagt, den ich auch kaum liebte, ließ mich tief nachdenken... Ich begann, G o d zu verfluchen.*[12] Seine Ablehnung der Religion bestärkte der *üble Schurke* Jean-François Raillane (1756–1840), ein Priester, den sein Vater 1792 als Erzieher engagiert hatte und der Stendhals Aussage zufolge *aus Priesterinstinkt ein Todfeind der Logik und jedes aufrechten Denkens war: Ich behaupte nicht, daß er Verbrechen begangen hat... aber man kann kaum eine trockenere, allem Anständigen feindlichere, jedes menschlichen Gefühles barere Seele besitzen.*[13] Noch vierzig Jahre später entsetzt sich Stendhal: dieser *perfekte Jesuit* habe versucht, ihm die Heuchelei, die Regeln der gesellschaftlichen Sprachkontrolle beizubringen, und wenn er ihm nicht inneren Widerstand entgegengesetzt hätte, so hätte ihn Raillane mit Sicherheit zu einem *Schurken*, das heißt, zu einem erfolgreichen Menschen gemacht: *ich haßte den Abbé, ich haßte meinen Vater... ich haßte noch mehr die Religion, in deren Namen sie mich tyrannisierten.*[14]

Der finsteren väterlichen Welt stand die als harmonisch empfundene im Haus des Arztes Henri Gagnon (1728–1813), des Großvaters mütterlicherseits, gegenüber. Henri Gagnon, der in kommunalpolitischen Dingen engagiert war, 1771 zum Beispiel für die Einrichtung der städtischen Bibliothek gesorgt hatte, am 19. Dezember 1788 zum Abgeordneten der Generalstände des Dauphiné gewählt worden und seit 1795 verantwortlich für die Verwaltung der neugegründeten Ecole Centrale und die Auswahl ihrer Lehrer war, übte tiefen Einfluß auf Henri aus: *Tatsächlich bin ich ausschließlich von meinem exzellenten Großvater... aufgezogen worden. Dieser Ausnahmemensch hatte eine Pilgerreise nach Ferney unternommen, um Voltaire zu sehen, und er war von diesem mit Auszeichnung empfangen worden. Er hatte eine kleine Voltaire-Büste...*[15] Zwar wird Beyle/Stendhal zeit seines Lebens ein ambivalentes Verhältnis zu Voltaire haben, dennoch dürften die bei Henri Gagnon gelesenen Werke Voltaires dazu beigetragen haben, ihn gegen die bigotte Atmosphäre im Hause Beyle zu immunisieren, zumal er mit dem Großvater lange, aufklärerische Gespräche über Gartenbau, Naturwissenschaft, Geologie, Astronomie und immer wieder Literatur führte. In mancher Hinsicht blieb Henri Gagnons Ausstrahlung allerdings hinter der seiner Schwester Elisabeth (1721–1808) zurück, die ihm den Haushalt führte. Von ihr erfuhr Henri, daß die Familie Gagnon ursprünglich aus Italien stammte: der Ur-Urgroßvater sei von einem Papst

Henri Gagnon

gezwungen worden, in Avignon Zuflucht zu suchen. 1835 *übersetzt* Stendhal dies damit, daß *ein Guadagni oder Guadaniamo, der in Italien irgendeinen kleinen Mord begangen hatte, im Gefolge eines päpstlichen Gesandten um 1650 nach Avignon gekommen sei*[16]. Gewiß, diese italienische Herkunft war Fiktion, aber sie erlaubte Henri, sich eine andere Identität zu erträumen und so von den verhaßten Beyles abzugrenzen. Mit Sicherheit ist darin einer der Gründe für die Leidenschaft zu sehen, mit der er sich immer wieder andere Namen zugelegt hat. Angesichts der Unmöglichkeit, sich selbst ausschließlich den Gagnons zuzuschlagen, und getrieben vom Horror, sich den Beyles zurechnen zu müssen, greift er 1835 für seine Erinnerungen als Kompromiß auf den Namen des Père Brulard, eines Cousins von Henri Gagnon zurück, der 1766 gestorben war und mit dem ihn – neben der Kinderlosigkeit – die *Häßlichkeit* verband: *Es scheint, daß ich [als kleines Kind] einen riesigen Kopf ohne Haare hatte, und daß ich dem Pater Brulard ähnelte…*[17] Natürlich ging diese Verrechnung Beyle/Gagnon nicht glatt auf, zumal auch Séraphie eine Gagnon war und noch ein

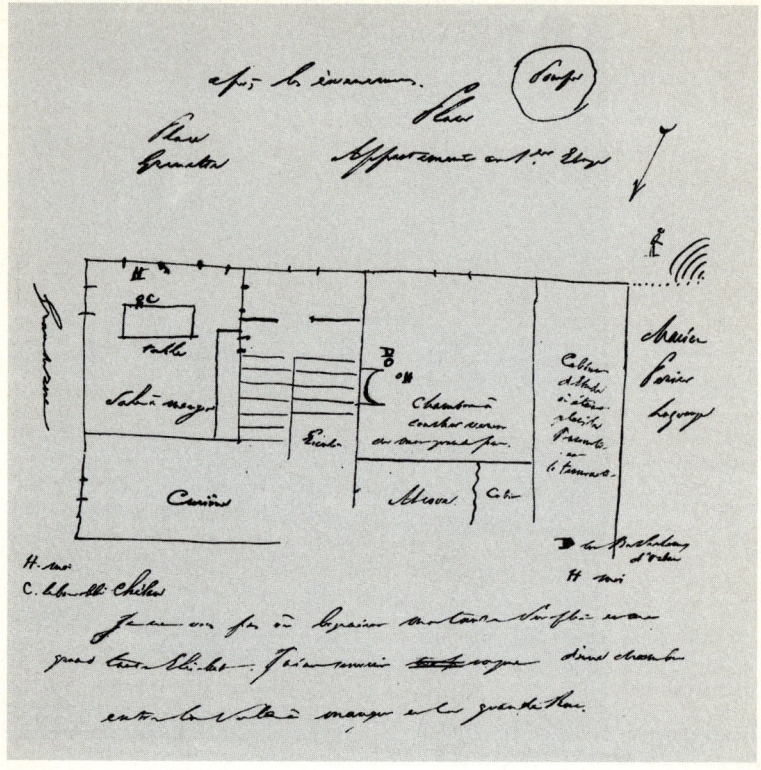

Der Grundriß des großväterlichen Hauses im Manuskript Stendhals zu «La vie de Henry Brulard»

anderer Gagnon mindestens ebenso viele negative wie positive Züge aufwies: Romain (1758–1830), Henris Onkel, den Stendhal später als triviale Existenz verachten wird. Dem Kind kam der elegante Advokat freilich wie ein Wesen aus einer anderen Welt vor, und in eine andere Welt führte ihn Romain auch ein: in die des Theaters und der Oper, eine Welt, deren Zauber er auf immer verfiel. Und noch einen anderen, für seine Bildung entscheidenden Bereich ästhetischer Produktion lernte er durch ihn kennen: die erotische Literatur, von der ihn neben den Werken der La Fontaine, Prévost, Choderlos de Laclos und Crébillon d. J. vor allem die Romane des noch von Stendhal hoch geschätzten, nie verleugneten Charles Pigault-Lebrun (1753–1835) oder des Andrea de Nerciat (1739–1800) beeindruckten. Und da erotische Literatur auch dazu verfaßt ist, die Imagination anzuregen, hat Henri Beyle den allergrößten Nutzen aus seiner Lektüre gezogen: *Ich las mit Entzücken die «Contes» von La Fontaine und die «Félicia». Aber das waren keine literarischen Vergnügungen. Das sind jene Bücher, die man nur mit einer Hand liest...*[18]

Entscheidend für die Entwicklung Henri Beyles war, daß die für die Bewußtseinsbildung prägenden Kindheitsjahre mit der Französischen Revolution zusammenfielen. Natürlich ist zu vermuten (und er selbst läßt daran keinen Zweifel), daß die Revolte gegen Chérubin und Séraphie dazu beigetragen hat, ihn nicht nur für die Ideale der Revolution, sondern auch für den jakobinischen Terror zu begeistern. Und zwar auf Dauer: noch 1835 identifiziert sich Stendhal *kompromißlos* mit dem jakobinischen

Charles Eisen: Illustration (1762) zu La Fontaines «Fables»

Kind. Exemplarisch sein Bericht über die Nachricht von der Hinrichtung des Königs, die seine Familie mit Entsetzen erfüllte: *Eines der intensivsten Glücksgefühle, die ich in meinem Leben empfunden habe, ergriff mich.* Und er fügt für den eventuellen Leser nach seinem Tod hinzu: *... so war ich mit zehn Jahren, so bin ich mit zweiundfünfzig... Was mich betrifft: ich hätte viel mehr Mitleid mit einem Mörder, der ohne ausreichenden Beweis zum Tode verurteilt wird, als mit einem K[ing], der sich in der gleichen Situation befände. Der death of a K[ing], der schuldig ist, ist immer nützlich in terrorem, um die merkwürdigen Mißbräuche zu verhindern, zu denen auch der letzte Schwachsinn, den die absolute Macht produziert, diese Leute verführt.*[19] Vater und Großvater gehörten zu jenen aufgeklärten Bürgern, die die erste Phase der Französischen Revolution mit dem Ziel der Errichtung einer parlamentarisch kontrollierten Monarchie begrüß-

Porträt aus den
Schulheften
Stendhals

ten, die jakobinischen Exzesse aber verabscheuten und dadurch in eine schwierige Lage gerieten, die sich zuspitzte, als Chérubin begann, Geistlichen beizustehen, die den Eid auf die Zivilverfassung verweigerten. Das führte 1793 zu einer mehrmonatigen Inhaftierung. Man kann sich also vorstellen, wie der jakobinische Enthusiasmus des Kindes die Familie entsetzte. Auch wenn Henris Position ideologisch nicht eindeutig festgelegt war, konnte er doch durchaus für Charlotte Corday, die Mörderin Marats, schwärmen, weil diese heroisch Tyrannenmord begangen hatte. *Ich war tief von der Erinnerung an die Helden der römischen Geschichte ergriffen; ich sah mich eines Tages als einen Camilla oder einen Cincinnatus gleichzeitig,* beginnt er einen Bericht über seinen Besuch des Jakobiner-Clubs 1793 oder 1794, bei dem er feststellen muß, daß zwischen der imaginierten heroischen Ideal-Wahrheit und der Wirklichkeit die Welt klafft: *Ich fand die Leute, die ich hätte lieben müssen, schrecklich vulgär,* und mit der ihm eigenen Selbstironie fügt er hinzu: *Mit einem Wort, ich war damals schon wie heute: ich liebe das Volk, ich hasse seine Unterdrücker, aber es wäre eine unendliche Qual für mich, mit dem Volk leben zu müssen.*[20]

Woran Henri in den – gewiß auch aus politischen Gründen – von der Außenwelt abgeschotteten Häusern Beyle und Gagnon am meisten litt, war das Fehlen kindlicher Freundschaften. Die Sehnsucht nach «draußen» wurde zu einer Obsession, und der Gedanke an den Besuch einer Schule begann für Henri, der zunächst zu Hause unterrichtet wurde, die Form einer freiheitlichen Utopie anzunehmen. Als er am 11. November 1796 in die gerade eröffnete Ecole Centrale aufgenommen wurde, dürfte die Enttäuschung freilich groß gewesen sein. Hatte er davon geträumt, unter Gleichaltrigen die heroische Freundschaft zu finden, von der er in Ariosts «Orlando furioso» gelesen hatte, mußte er nun feststellen, daß er unter *sehr egoistische Flegel* geraten war, die zudem von ihm als Notabelnkind nichts wissen wollten. Nach und nach freilich gelang es ihm, Freundschaften aufzubauen, die zum Teil für das ganze Leben Bestand haben sollten, zum Teil später aber auch in offene Abneigung umschlagen konnten wie im Fall Félix Faures (1780–1859), den Stendhal in seinen Tagebüchern als *Happy* und als *best friend* zu bezeichnen pflegte, bis es 1830 zum Bruch kam, weil der Jakobiner Stendhal seinem zu hohen richterlichen Ehren aufgestiegenen Jugendfreund das Paktieren mit der Staatsmacht nicht verzieh. Eine andere Freundschaft aus der Schulzeit verband ihn mit dem Ingenieur und nachmaligen Bürgermeister von Grenoble, Louis Crozet (1784–1858), von Stendhal *Percevant* oder *Sagace* genannt. Sie war für seine intellektuelle Entwicklung in der Pariser Zeit vor dem Ende des Empire besonders wichtig, versandete dann freilich mit der im *Brulard* diagnostizierten zunehmenden Verspießerung Crozets. Die – vielleicht bedeutendste – Freundschaft mit seinem Cousin Romain Colomb (1784–1858), der zumindest eine Zeitlang zu den Grenobler Schulkameraden zählte, kam erst spät zur Entfaltung, hielt dann aber über Stendhals Tod hinaus: Colomb, der große Vertraute und zeitweilige Mitarbeiter, wurde Stendhals (literarischer) Nachlaßverwalter.

Die bisweilen ironische Darstellung seiner Schulzeit könnte übersehen machen, daß es sich bei den Ecoles Centrales um die republikanischen Eliteschulen handelte, an denen der Unterricht nach den fortgeschrittensten Kenntnissen und Methoden erteilt wurde. Tatsächlich waren Beyles Lehrer durchaus bemerkenswerte Persönlichkeiten, unter denen sich einige wie Claude-Marie Gattel (1743–1812), der in Grenoble die rationalistische Sprach- und Verstandesschulung vertrat, wie sie sich seit der «Grammaire raisonnée» von Port-Royal bis Etienne Condillac herausgebildet hatte, auch mit Publikationen Ansehen verschafft hatten. Condillac stand auch im Mittelpunkt des Mathematikunterrichts bei Henri-Sébastien Dupuy (1746–1814), vormals Instrukteur Bonapartes an der Artillerie-Schule von Valence. Tatsächlich sollte Henri gerade in Mathematik seine besten Leistungen erbringen, wofür er durchaus plausible Gründe angibt. Zum einen sei seine Leidenschaft für Mathematik durch des Großvaters Interesse an den Naturwissenschaften geweckt worden, zum anderen sei ihm die Mathematik auch wie eine Art geistiger Hygiene gegen die bourgeoise Heuchelei erschienen, da man in ihrer abstrakten Logik nicht lügen konnte, und im übrigen habe er damals begriffen, daß nur gute Zensuren in Mathematik ihm helfen konnten, von Grenoble wegzukommen: *Es gab für mich nur ein einziges Mittel... die Mathematik. Aber man erklärte sie mir so schlecht, daß ich keine Fortschritte machte.*[21] Wie viele seiner Mitschüler schrieb er sich in den Privatkursen André-Laurent Chaberts (1759–1825) ein, bei dem er die Grundprinzipien der Mathematik nach Alexis Clairaut und Leonhard Euler kennenlernte, auch wenn er beklagt, daß man bei Dupuy und Chabert mechanisch Formeln auswendig lernen mußte. Der Knoten platzte denn auch erst, als er bei Louis-Gabriel Gros (1765–1812), einem leidenschaftlichen Jakobiner, mathematischen Nachhilfeunterricht erhielt: *Ich sah endlich das Warum der Dinge. Das war nicht länger das Apothekerrezept, das vom Himmel gefallen war, um Gleichungen zu lösen...*[22] Der *Sturz in die Mathematik*[23] jedenfalls löst bei ihm eine regelrechte Leidenschaft für diesen Bereich des Denkens aus: er schließt die Schule mit einem triumphalen Ersten Preis in Mathematik ab.

Schon vor der Aufnahme in die Ecole Centrale war Henri vom Großvater zu Joseph Le Roy (1728–1797) zum Kunstunterricht geschickt worden, der vor allem darin bestand, langweilige Rötelzeichnungen nach Radierungen anzufertigen. Wichtiger war für ihn (einmal mehr) die Begegnung mit einem erotischen Kunstwerk, einer Bachlandschaft im Atelier Le Roys, die sich mit seiner visuellen Erfahrung aus den erotischen Illustrationen und Texten verband und *drei nackte oder fast nackte Frauen* zeigte: *Diese Landschaft... die auf eine von «Félicia» bereits vorgeprägte Imagination stieß, wurde für mich zum Ideal des Glücks. Das war eine Mischung von zärtlichen Gefühlen und süßer Wollust. Mit begehrenswerten Frauen baden!*[24] Natürlich weiß er, als er dies im *Brulard* notiert, daß das Bild wahrscheinlich so mediokerer war wie der Zeichenunterricht selbst, und dennoch war es Le Roy, der ihm nicht nur mit diesem Bild zu tieferem Kunstverständnis verhalf: Le Roy hatte eine Brücke gezeichnet, die Henri mehrmals im Jahr überquerte, und plötzlich entdeckte er, daß die Zeichnung der Naturwirklichkeit *sehr stark ähnelte: mir kam die Erleuchtung. Eine Zeichnung muß also, und vor allem, der Natur ähnlich*

Maugendre: Die Place Grenette in Grenoble (1863).
Im Hintergrund das Haus des Großvaters

sein.[25] Man mag diese Entdeckung heute belächeln, damals freilich kam weder den Lehrern noch ihren Schülern der Gedanke, daß man das Anfertigen von Bildern anders lernen könne als durch das Kopieren antiker oder klassizistischer Modelle, kurz dessen, was man als *Idealnatur* verstand. Die Einsicht in die Notwendigkeit des Nachdenkens über das Verhältnis von Kunst- und Naturschönheit brach daher mit unvermittelter Wucht in das ästhetische Denken Beyles und bereitete die Aufsprengung des klassizistischen Normensystems vor, obwohl er zunächst auch im Zeichenunterricht an der Ecole Centrale bei Louis-Joseph Jay (1755–1836), dem Gründer des Grenobler Museums, nicht viel von dieser Erkenntnis umsetzen konnte, denn Jay unterrichtete unbeirrt nach der alten Methode. Dennoch gelang es Henri, in die «Meisterklasse» aufgenommen zu werden und sogar einen Preis zu erringen: Jean-Baptiste Dubos' «Réflexions critiques sur la poésie et la peinture» (1719), eine der wichtigsten ästhetischen Schriften des 18. Jahrhunderts. *Dieses Buch entsprach meinen Seelenempfindungen, Empfindungen, die mir selbst unbekannt waren.*[26]

Auch im Nachdenken über seine Erweckung zur Musik kommt Stendhal zu aufschlußreichen Einsichten in das Zusammenspiel von Lebenspraxis, Trivialimpulsen und ästhetischer Schulung: zwar schreibt er an einer Stelle des *Brulard*, daß Virginie Kublys Gesang seine Liebe zur

Musik geweckt habe, *die längste und die kostspieligste Leidenschaft meines Lebens,* die noch *im Alter von zweiundfünfzig Jahren* unvermindert lodere, zwar berichtet er an anderer Stelle, daß er 1800 in Mailand beim Hören von Cimarosa die Musik entdeckt habe[27], aber die Rückbesinnung auf die ersten Anfänge verweist auf ganz andere Bezüge: *Jetzt sehe ich (... mit zweiundfünfzig Jahren), daß ich schon vor diesem... so pinkligen, so französischen «Traité nul» ... [des André-Ernest-Modeste Grétry] ... einen Hang zur Musik hatte. Hier meine Erinnerungen: [1.] der Klang der Glocken von Saint-André..., [2.] das Geräusch der Pumpe an der Place Grenette... [3.] und endlich – aber in geringerem Maße – der Klang einer Flöte, die irgendein Kaufmanns-Kommis... an der Place Grenette spielte. Diese Dinge hatten mir bereits die Freuden gegeben, die – ohne daß ich es wußte – musikalische Freuden waren.*[28] Wer meinte, derartige Reflexionen seien irrelevant, riskiert, an Wesentlichem der Ästhetik Stendhals vorbeizugehen. In seinen großen Werken wird er höchste Artistik und Gedankenpräzision mit Trivialem zur unaufhebbaren Einheit verweben, wird er das Triviale ins Licht des Sublimen tauchen und von diesem dergestalt erhöhten Trivialen die Impulse seiner Kreativität beziehen, auch wenn er in der Jugend zunächst beidem verschiedene Orte der Produktion zuweist: das Triviale erhält Eingangsrecht in sein *Tagebuch,* das Sublime ist der literarischen Textproduktion vorbehalten. Bis die Deiche brechen und sich Triviales und Sublimes vereinen: alles ist ihm dann gleichwertiges Material für ästhetische Gestaltung, so wie im *Brulard* zum Beispiel die Erinnerung an den Musikunterricht. Mit dem ihm eigenen Humor, über dem man freilich nicht vergessen darf, daß er in Kindheit und Jugend lernte, Noten zu lesen, Klarinette und Violine zu spielen und Gesangstunden nahm, berichtet Stendhal, sein Geigenlehrer sei zwar *sehr arm* gewesen, habe aber Selbstachtung besessen: *eines Tages, als ich noch schlechter als gewöhnlich spielte, klappte er das Notenheft zu und sagte: ‹Ich gebe keine Stunden mehr›*[29].

Zu Beyles enzyklopädisch-facettenreicher Ausbildung gehörte auch die Schulung in den Grundprinzipien der klassizistischen Dichtungstheorie mit ihren neoaristotelischen Prinzipien der Unterscheidung von historischer Wahrheit und poetischer Wahrscheinlichkeit, der Sittenrealistik, der Gattungshierarchien mit dem Primat des Epos und endlich mit den immanenten Gattungsgesetzen wie den drei Einheiten von Zeit, Ort und Handlung. Stendhal hatte aber das Glück, daß an der Ecole Centrale diese Dichtungstheorie nicht mit der Rigidität unterrichtet wurde, wie sie sich in den Schulmanualen des 18. Jahrhunderts zum Dogma verfestigt hatte (dessen monumentalste Variante Jean-François de La Harpes «Lycée ou Cours de littérature ancienne et moderne» von 1799–1805 war, der eine erhebliche Rolle in Stendhals literarischer Bildung spielen sollte), sondern von ihrer experimentalen Offenheit her vertreten wurde, wie sie seit Nicolas Boileau auch wirksam war. In Jean-Gaspard Dubois-Fontanelle (1737–1812), bei dem er zum erstenmal etwas von Shakespeare hörte, hatte er einen ebenso weltoffenen wie kreativen Literaturtheoretiker zum Lehrer, der auch als Tragödienautor und Herausgeber renommierter Zeitschriften hervorgetreten war, bevor er den Schülern an der Ecole Centrale seinen «Cours de Belles-Lettres» vorstellte, der 1813 postum in Paris erscheinen sollte und in dem einige Grundprinzipien vermittelt wurden, die Beyle sich so wie Dubois' kosmopolitische Grenzüberschreitungen für alle Zeiten zu eigen machte.

Shakespeare sollte ihm erst später zu einer entscheidenden Instanz werden, aber in Grenoble machte Beyle noch mit einem anderen Großen der Weltliteratur Bekanntschaft, dessen Bedeutung für das Werk Stendhals nicht überschätzt werden kann: mit Cervantes, den er kurz nach dem Tod der Mutter entdeckte. *Man denke über den Eindruck nach, den «Don Quijote» mitten in einer schrecklichen Trauer machen mußte. Die Entdeckung dieses Buches ... ist vielleicht die größte Epoche meines Lebens.*[30]

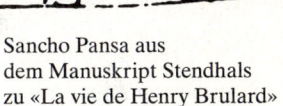

Sancho Pansa aus dem Manuskript Stendhals zu «La vie de Henry Brulard»

Versetzen wir uns in die künstlerisch-literarische Situation der Zeit: die Schönheitsideale der Französischen Revolution, die die Kindheit und Jugend Stendhals prägten, waren vom Streben nach heroischer Läuterung der an antiker Kunst und Literatur geschulten «klassischen» französischen Kunstnorm bestimmt. Obwohl der Roman vielleicht die adäquate literarische Gattung gewesen wäre, den revolutionären Umsturz der Werte zu gestalten, stand für Theoretiker und Dichter unumstößlich fest, daß allein Epos, Tragödie, Oden oder Hymnen, die sittsame Komödie und – als Gattung zwischen den Künsten – die öffentlichen Feste als Kunstformen für die heroischen Handlungen und Gedanken in dieser revolutionären Zeit angemessen seien. Dies ist der eine, entscheidende Pol der revolutionären Ästhetik, für den u. a. die Brüder André und Marie-Joseph Chénier Maßstäbe setzten. Der andere war die Enttabuisierung des Körpers, die Wiedergewinnung einer von zivilisatorischer Zersetzung freien, heiteren Natürlichkeit, kurz: das, was als Erotik des Lebens auch Voraussetzung für das Gelingen des Heroischen gewesen wäre und sich doch genausowenig realisieren sollte. Auf das Scheitern dieser Menschheitshoffnung, der Fusion von republikanischer Tugend und erotischer Heiterkeit, antworteten die Dichter (vom singulären Aufschrei des Marquis de Sade abgesehen) vor allem mit dem (rousseauistischen) Rückzug in die Innerlichkeit des Individuums und dem Weltschmerz (wie in Etienne de Senan-

Pierre-Paul Prud'hon: Die Vereinigung von Liebe und Freundschaft

cours «Oberman» aus dem Jahre 1804), oder aber (wie François René de Chateaubriand 1802 im «Génie du Christianisme») mit dem Sprung in die (monarchistisch-katholische) Konterrevolution. Beyle, der mit dreizehn seinen ersten Dramenversuch unternahm, den er *Selmours* nannte, ist im wahrsten Sinne des Wortes in diese Zeit der uneingelösten Hoffnungen und Projekte der Revolutionsästhetik hineingeboren. Zeit seines Lebens wird er bemüht sein, den Bereich des Heroisch-Klassisch-Jakobinischen à la Corneille mit dem des Heiter-Abenteuerlich-Erotischen à la Ariost, Cervantes, La Fontaine zu versöhnen: von dieser Produktionsintention her wird er alle andere Literatur rezipieren und je nachdem verwerfen oder produktiv in eigenes theoretisches oder artistisches Schreiben umsetzen: *Ich schätzte aufrichtig Pierre Corneille, Ariost, Shakespeare und – zumindest nach außen hin – Molière*, schreibt er im *Brulard*: *Meine Schwierigkeit bestand darin, sie unter einen Hut zu bringen. Meine Vorstellung über das literarische Schönheitsideal war im Grunde 1796 bereits dieselbe, aber alle sechs Monate wird sie ein wenig voll-*

kommener, oder wenn man will: sie verändert sich ein wenig. Das ist die einzige Arbeit meines gesamten Lebens. Der Rest war nichts als Broterwerb...[31]

Über Stendhal und seine Texte zu sprechen, ohne die Bedeutung der Sexualität in seiner individuellen Lebenspraxis und der literarischen Darstellung zu berücksichtigen, hieße, nichts über Stendhal sagen bzw. sein Werk verfälschen. Verständlich daher, daß die (psychoanalytische) Literatur zum Thema Stendhal und Sexualität nahezu unübersehbar geworden ist, wobei im übrigen die Frage nach seiner eventuellen Homosexualität einen erstaunlichen Platz einnimmt. Richtig ist, daß Stendhal im *Brulard* verschiedentlich davon spricht, eine Haut wie eine Frau zu haben, ja, daß er im Rückblick dem damals Siebzehnjährigen sogar die Züge eines Mädchens verleiht. Aber ob dies als homoerotisches Indiz aufgefaßt werden kann, muß ebenso fraglich erscheinen wie eindeutige Folgerungen aus seiner Begegnung mit einem jungen russischen Offizier am 26. Mai 1814 im Théâtre Français, der ihn mit seiner Schönheit so durcheinanderbringt, daß er sein Empfinden mit der sexuellen Erregung vergleicht, in die ihn *nur manchmal* Angela Pietragrua versetzt habe: *Wäre ich seine Frau gewesen, wäre ich ihm bis ans Ende der Welt gefolgt...*[32] Das klingt eindeutig, und manche Passagen seiner literarischen Texte beweisen, daß Stendhal (u. a. mittels der Androgynen-Thematik) durchaus pagan-heiter und ohne jede moralisierende Indignation die Möglichkeit homoerotischer Beziehungen zwischen Männern und Frauen evoziert, doch müßte man wohl fragen, ob das totale «Sich-Einfühlen» in das andere Geschlecht ein Ausweis von Homoerotik oder ob in ihm nicht geradezu ein Gipfelpunkt der Lust am anderen Geschlecht zu konstatieren ist. Wir besitzen jedenfalls außer dem Text vom 26. Mai 1814 nicht ein einziges Dokument unter den unzähligen anderen, die uns Stendhal hinterlassen hat und in denen er zum Teil rückhaltlos über seine sexuellen Träume und Praktiken berichtet, das auch nur den geringsten Hinweis auf homosexuelle Phantasien oder gar Praktiken böte, ja, im *Brulard* gibt es einen Kommentar zur Homosexualität eines Mitschülers an der Ecole Centrale, aus dessen gelassener Beiläufigkeit man schließen darf, daß ihn das Problem nicht sonderlich beschäftigte: *Das fanden wir nicht grauenvoll, weil unsere Eltern es grauenvoll gefunden hätten, aber es erstaunte uns. Ich sehe heute, daß das, wonach wir leidenschaftlich strebten, der Sieg über jenes schreckliche Tier war: eine liebenswerte Frau... Der finstere Benoît machte keinen Proselyten.*[33]

Sexuelle Beziehungen zu diesem *schrecklichen Tier* scheint Henri in Grenoble noch nicht gehabt zu haben: er hat sich der Frau über die Masturbation beim Lesen erotischer Texte und beim Betrachten erotischer Bilder genähert, wodurch er das sexuelle Vergnügen körperloser Begegnungen in der (imaginierten) Betrachtung des anderen Geschlechtes erfuhr, ein Thema, das – auf den Psyche-Eros-Mythos bezogen – in seinen literarischen Arbeiten eine erhebliche Rolle spielen wird. Wenn er im *Brulard* schreibt: *Ariost hat meinen Charakter geprägt: ich war verrückt vor Liebe nach Bradamante, die ich mir als dickes Mädchen von vierundzwanzig Jahren mit helleuchtend weißen Reizen vorstellte*[34], dann meint dies auch ganz konkret das «Ein-Hand-Vergnügen»: *der Besitz einer wirklichen Mätresse, damals das Objekt aller meiner Wünsche, hätte mich nicht in einen derartigen reißenden Strom der Wollust stürzen können.* Das heißt natürlich nicht, daß Henri Beyle nicht auch nach konkreten Manifestationen jener Reize Ausschau hielt, die ihn in der artistischen Gestaltung stimulierten. Noch aus der Distanz von beinahe vierzig Jahren erinnert er sich u. a. mit Entzücken an Victorine (1783–1866), die Schwester seiner Schulkameraden François und Rémy Bigillion: *es schien mir geradezu unglaublich, aus der Nähe dieses schreckliche Tier zu sehen: eine Frau, und dazu noch mit wunderbaren Haaren, mit göttlich geformtem, wenn auch etwas magerem Arm und endlich mit einem zauberhaften Busen, der oft wegen der großen Hitze ein wenig entblößt war.*[35]

1797 verliebte er sich in die Schauspielerin Virginie Kubly, bürgerlich Marie-Gabrielle Raymond (1778–1835): *Alles war neu für mich in diesem merkwürdigen Wahn, der ganz plötzlich von all meinem Denken Besitz ergriff. Alles andere Interesse erlosch in mir. Mühsam nur erkannte ich noch das Gefühl, dessen Darstellung mich in der «Nouvelle Héloïse» verzaubert hatte, und noch weniger war es die Wollust, die ich in der «Félicia» gefunden hatte.*[36] Mademoiselle Kubly spielte die «jeunes premières» in Komödien, sang auch in einigen komischen Opern und beeindruckte Henri vor allem in der Rolle einer jungen Savoyardin in Pigault-Lebruns «Claudine de Florian» von 1793: *Während mehrerer Monate hat mich dieses... Stück in die lebhaftesten Verzückungen versetzt. Ich würde sogar sagen, die lebhaftesten, die mir Kunstwerke überhaupt verschafft haben...*[37] Zwar scheint sie nur ein dünnes Stimmchen gehabt zu haben, mit ihm aber verzauberte sie Beyle in *kleinen schlechten Opern* wie Pierre Gaveaux' «Le traité nul» von 1797 oder André-Modeste Grétrys «L'épreuve villageoise» von 1784, denn *nichts konnte vulgär oder flach sein, sobald sie auf der Bühne erschien*[38]. Henri hat Mademoiselle Kubly nur aus der Ferne verehrt, aber er wird sie nie vergessen: *Das Leben begann für mich*, ruft er aus: *Es gab nur ein Lebewesen auf der Welt: Mademoiselle Kubly...!*[39] Und tief war daher die Trauer, als sie plötzlich aus Grenoble und damit für immer aus seinem Leben verschwand: *Während langer Zeit habe ich nicht mehr ins Theater gehen können.*[40]

Was den *Brulard* so faszinierend macht, ist – neben der literarischen Qualität des Textes – die Offenheit, mit der Stendhal versucht, ohne Stilisierung oder Heroisierung das Panorama all jener geschichtlich-politischen, städtisch-lokalen, familiären, kulturell-ästhetischen, schulischen, psychologischen, physiologischen Faktoren zu rekonstruieren, die – aus seiner Sicht – den Charakter des Individuums prägten, das er Henry

Brulard nennt und das Stendhal werden sollte. Dabei ist Stendhal bisweilen noch durchaus emotional in die geschilderten Ereignisse involviert, steht aber insgesamt seiner Kindheit neugierig distanziert, und sogar – gerade da, wo sie ihm unerträglich schien und scheint – dankbar gegenüber, was nur aus seiner Art spontan-dialektischen Denkens zu verstehen ist, das ihn fragen läßt, ob er wohl das Glück von Mailand so tief empfunden hätte, wenn Grenoble nicht so schrecklich gewesen wäre[41]. Hätten Chérubin und Séraphie mit ihm zu sprechen gewußt, so argumentiert Stendhal immer wieder, dann wäre er zu einem typisch Grenobler Spießbürger, einem bourgeoisen Schurken, einem Chrysale[42] geworden: *Ich schaudere bei dem Gedanken: wenn Séraphie die Höflichkeit und den Verstand ihres Bruders [Romain] besessen hätte, dann hätte sie aus mir einen Jesuiten machen können.*[43] Nachträglicher Trotz? Wer diese Ansicht verträte, müßte das gesamte Leben Stendhals und vor allem sein literarisches Werk, in dem ja nicht zufällig das Thema des gegen Familie und Gesellschaft revoltierenden jugendlichen Individuums eine erhebliche Rolle spielt, als gescheitert im Vergleich zu einem möglichen Notabeln-Leben in Grenoble abqualifizieren. Stendhal ist dazu nicht bereit. Im Gegenteil: er bejaht im Rückblick all das, was Chérubin und Séraphie als ungebührliches Verhalten erscheinen sein mußte, und applaudiert nicht nur dem Kind, das revoltierte[44], sondern trauert noch 1835 darüber, daß es, statt offen gegen seine Familie und ihre «Verbündeten» zu rebellieren[45], bisweilen Zuflucht zu Lüge oder Heuchelei,[46] zum *Sklaven-Benehmen*, genommen hat.[47] Um so glücklicher ist er noch mit 52 Jahren über jede aufrührerische Handlung des Henry Brulard und kommentiert zum Beispiel eine Herausforderung an den Vater, die bürgerliches Verständnis als Ungezogenheit tadeln würde: *ich liebe so etwas an einem Kind*[48]. Wer (wie manche Interpreten) diese Revolte für «romantisch» hält, der müßte freilich Romantik auch mit Jakobinismus und Don Juanscher Liebe zur mathematischen Logik gleichsetzen, womit keineswegs gesagt sein soll, daß nicht auch Trauer und Schmerz das Individuum Beyle/Brulard subjektiv geprägt hätten. Und zu diesen Traumata gehört mit Sicherheit, daß er schon früh hatte entdecken müssen, nicht besonders schön zu sein. Wenn Stendhal es auch später in einen eher heiteren Kontext stellt, dürfte ihn als Kind doch tief verletzt haben, von Henri Gagnon (und anderen) zu hören, daß er häßlich sei. Dennoch ist dem philosophisch abgeklärten Stendhal durchaus zu glauben, wenn er schreibt: *Ich habe von sieben bis siebzehn Jahren ein widerliches Los zu tragen gehabt, aber nach dem Übergang über den [Großen] Sankt Bernhard [im Jahr 1800] habe ich nicht nur keinen Grund mehr gehabt, mich über mein Geschick zu beklagen, sondern ich habe vielmehr Anlaß, mich seiner zu rühmen.*[49]

Von Paris über Mailand und Marseille nach Paris

Zum Sankt Bernhard gelangt Henri auf dem Umweg über Paris, wohin er am 30. Oktober 1799 aufbricht. Aber an der Ecole Polytechnique schreibt sich Beyle, der davon träumt, der neue Molière zu werden, nicht ein, und Paris gefällt ihm überhaupt nicht. Vor allem die Berge fehlen ihm. Einsam, in einer billigen Mansarde, erkrankt er schwer. Noël Daru (1729–1804), ein Cousin des Großvaters, nimmt Henri in seinem Haus auf, wo er sich – schüchtern und linkisch – langweilt. Anfang 1800 entscheidet Daru, daß Henri sich im Kriegsministerium nützlich machen soll. Aber der Aufenthalt in Paris nimmt ein plötzliches Ende: der Erste Konsul Frankreichs, Napoleon Bonaparte, überschreitet am 14. und 15. Mai 1800 den Großen Sankt Bernhard und fällt im Piemont und in der Lombardei ein. Noël Darus Söhne Pierre (1767–1829) und Martial (1774–1827) begleiten ihn als Heeresinspekteure und laden Henri ein, ihnen zu folgen. Er bricht am 7. Mai auf, kommt am 23. in Genf an, sucht das Geburtshaus Rousseaus auf, besorgt sich ein Pferd und begegnet einem Schweizer Offizier namens Burelvillers, der ihm hilft, den Ritt über die Alpen zu bestehen. Mitte Juni kommt er in Mailand an, am *schönsten Ort der Erde*[50].

In den Mailänder Schreibstuben der cisalpinischen französischen Regierung arbeitet er als Bürogehilfe. Am 23. September wird er dank der Protektion durch die Darus zum Unterleutnant der Kavallerie auf Probe ernannt und am 23. Oktober zum 6. Dragonerbataillon in Lodi versetzt. Vom Ende des Jahres 1800 bis zum 21. Februar 1801 ist er in Mailand, wo er u. a. als persönlicher Adjutant beim General der 3. cisalpinischen Division, Claude Michaud, Dienst tut. Im September 1801 erhält er den Marschbefehl zurück zur Truppe im Piemont, und dort beginnt das für ihn offensichtlich sterbenslangweilige Garnisonsleben. Er wird krank, Sumpffieber, Koliken, Depressionen: im Dezember erhält er Urlaub und begibt sich Anfang Januar nach Grenoble. Am 1. oder 3. Juli 1802 reicht er – zum Verdruß der Darus – seine Demission ein. Doch wenn er auch vom Militärdienst enttäuscht gewesen sein mag, die Erinnerung an diese erste Begegnung mit Italien wird Stendhal nie verlassen. Daß er «seine

Jacques Louis David: Napoleon als Konsul, den Sankt Bernhard überschreitend (1800)

Unschuld» in einem norditalienischen Bordell «verlor», mag man gering veranschlagen, aber er lernte in Mailand auch eine seiner großen Lieben kennen: Angela Pietragrua, die damalige Mätresse des Kriegskommissars Louis de Joinville (1773–1849), die Beyle «den Chinesen» nannte und der er sich nur schüchtern schweigend zu nähern wagte. Wichtiger noch: Beyle hat in Mailand die Scala und seine Liebe für die Musik von Johann-Simon Mayer, Giovanni Paesiello und vor allem Domenico Cimarosa entdeckt und sich mit Enthusiasmus in das Abenteuer der ita-

Angelo Inganni: Das Teatro alla Scala in Mailand

lienischen Sprache gestürzt (in Bergamo übersetzt er vom 29. Mai bis 12. Juni 1801 Goldonis «Zelinda e Lindoro»). Am 18. April 1801 beginnt er in Mailand sein vielleicht folgenreichstes Werk: das *Journal*, das *Tagebuch*, das er mit einer programmatischen Erklärung einleitet, die er tatsächlich einhalten wird: *Ich beginne, die Geschichte meines Lebens Tag für Tag zu schreiben... ich lasse mich von dem Prinzip leiten, mir keine Zurückhaltung aufzuerlegen und niemals etwas zu streichen.*[51]

Im Gegensatz zu diesem Programm des spontanen Schreibens steht seine vermeintlich «eigentliche» literarische Arbeit, die über Jahrzehnte nur abgebrochene Projekte zeitigen wird: am 7. März 1801 meditiert er über eine auf fünf Akte geplante Komödie *Les Quiproquo*. Am 12. Juni unternimmt er einen neuen Anlauf mit *Le ménage à trois*. Am 9. Dezember desselben Jahres beginnt er eine Tragödie *Ulysse* und versucht sich im folgenden Jahr sogar an einem *Hamlet*. In diese Zeit fällt auch der Beginn dessen, was Victor Del Litto unter dem Titel *«Journal littéraire»* («Litera-

risches Tagebuch») herausgeben sollte: Exzerpte, Notizen, Entwürfe, theoretische Abhandlungen zu Literatur, Kunst und Musik oder Übersetzungen Vergils stehen neben kritischen Kommentaren zu Molière, Racine, Alfieri oder Shakespeare, literaturgeschichtlichen Überblicken, philosophischen Notaten oder psychologischen Studien. Aber auch neben dem auf vielen Seiten ausgearbeiteten, ambitioniertesten Projekt jener frühen Jahre: Beyle will Lukans «Pharsalia» neu schreiben. Natürlich enthalten seine Überlegungen eine Reihe von Gemeinplätzen der klassizistischen Doktrin, aber mit Blick auf den Gesamtzusammenhang des Stendhalschen Werks ergeben sich aufschlußreiche Perspektiven. Er will ein Heldenlied auf den mit Caesar in eins gesetzten Bonaparte und die Notwendigkeit, despotisch den Untergang der Revolution aufzuhalten, komponieren: *In meinem Gesang von der Unterwelt werde ich ein neues und sublimes Lied aus dem Gemälde der Revolution und dem vergeblichen Krieg der koalierten Kräfte ableiten... Ich kann wie einen Erlaß des Schicksals darlegen, daß die Republik zum Untergang bestimmt war... Der Fanatismus konspiriert gegen Caesar...*[52] Gewiß, Beyle wird dies Epos nicht zustande bringen, die Arbeit aber, die er in das Projekt investiert, ist nicht umsonst: die Wahrsagungen[53], der Abstieg in die Unterwelt[54], die geplante Transposition der antiken Götter in die Gegenwart[55], die Ineinssetzung der Jungfrau Maria mit einer antiken Göttin[56], der Demeter-Mythos[57], Caesar im Weizenfeld, das der Ernte harrt[58], die Erscheinung des Adlers[59], dies alles wird 37 Jahre später in die *Chartreuse de Parme* eingehen.

Auf der Rückreise nach Paris verliebt sich Beyle in Grenoble in Victorine Mounier, die zu den Frauen gehört, von denen er zeit seines Lebens besessen sein wird, obwohl er nie eine Liaison mit ihnen hatte. Am 15. April 1802 ist er wieder in Paris, wo er sich in seine Cousine

Victorine Mounier

Adèle Rebuffel (1788–1861) verliebt und am 25. August im Bett ihrer Mutter Magdelaine landet, was zu keiner festeren Bindung führt und ihn vor allem nicht davon abhält, Victorine weiter anzubeten, Adèle den Hof zu machen und... ein Vermögen in modische Kleidung zu investieren, um seine Häßlichkeit vergessen zu machen und seine Schüchternheit zu überwinden, wozu auch Schauspielunterricht beitragen soll. Doch all dies kann nicht getrennt von seiner ästhetischen Bildung betrachtet werden, zu der im übrigen auch ein visuelles Schlüsselerlebnis gehört: Ende Oktober 1802 sieht er Pierre Narcisse Guérins (1774–1833) *großartiges* Bild «Phèdre et Hippolyte», von dem er am 12. Dezember 1804 noch einmal festhält, es sei so vollkommen, daß er nichts Besseres sich vorstellen könne (ja, noch am 18. Mai 1810 bekräftigt er seine Bewunderung für das Antlitz der Phädra, konstatiert aber Entfremdung vom Hippolytos, der zu sehr nach Racine geraten sei: *ein edler junger Mann ohne Leidenschaft*).

Er verbringt die Abende im Théâtre Français und in der Oper, lernt alle berühmten Schauspieler(innen) und Sänger(innen) von der Duchesnois (bürgerlich Joséphine Rafuin) bis zu (François-Joseph) Talma kennen und studiert das Repertoire der Epoche, zu dem neben den heute vergessenen Zeitgenossen vor allem die Autoren des klassischen Zeitalters gehören: *Journal* und *«Literarisches Tagebuch»* beweisen, daß die Theaterbesuche, die natürlich auch mondänen Anstrich haben, Anlaß sind zu kritischen Reflexionen über die Schauspielkunst, über das Wesen

Pierre-Narcisse Guérin: Phèdre et Hippolyte

Sabathé: Das Théâtre de l'Odéon (um 1830)

des Tragischen, wobei er im Vergleich mit Corneille und Shakespeare nach und nach immer mehr Distanz zu Racine aufbaut, der ihm zu rhetorisch, zu wenig authentisch-leidenschaftlich ist, und – vor allem – über das Komische, wobei natürlich Molière im Mittelpunkt steht, auch wenn er vorübergehend Gefahr läuft, vom eher blassen Philippe Fabre d'Eglantine (1750–1794) verdrängt zu werden. Im Schauspielunterricht bei Jean-Baptiste Gourgaud (1746–1809), genannt Dugazon, lernt er die in Caen geborene grazile und stille Mélanie Guilbert (1780–1828), genannt Louason, kennen, die – alleinstehende Mutter einer 1798 geborenen Tochter – eine Theaterlaufbahn einschlagen will. Am 8. April 1805 erklären Henri und Louason sich ihre Liebe und beschließen, nach Marseille zu gehen, wo Louason ein Engagement beim Theater erhält und Beyle...einen kaufmännischen Beruf ergreifen will, auf den er sich mit Hilfe von Jean-Baptiste Says «Traité d'économie politique» (1803) vorbereitet. Er will sich mit seinem Freund Fortuné Mante (1780–1828) assoziieren und wird über die Familie Mante an einen Gewürzgroßhändler in Marseille vermittelt. Henri trifft am 25. Juli in Marseille ein, sieht Louason auf der Bühne und schafft um acht Uhr abends endlich, wovon er so lange geträumt hat: er schläft mit ihr. *H[eureux]. H[eureux]. H[eureux]. H[eureux],* notiert er im *Journal*, und vier Tage später: *till the mid-night, for ever.* Aber es ist nicht für immer. Trotz einiger Ekstasen, trotz großer Zärtlichkeit, trotz Louasons unvergeßlichem Nacktbad in der Huveaune: die Beziehung geht schnell in die Brüche. Mélanie kann Henri Beyle offensichtlich intellektuell nicht zufriedenstellen: *Seit vierzehn Tagen*, schreibt er am 9. Januar 1806, *habe ich unwillkürlich die Gewohnheit angenommen, M[élanie] nichts mehr zu sagen, weil mich ihre Langsamkeit und die ihrer Aussagen anwidern, die auf sich warten lassen und nichtssagend sind.*[60]

Die Begegnung mit Mélanie, die am 1. März 1806 enttäuscht Marseille verläßt, fällt in eine Zeit intensivster Selbstsuche, zu der auch und vor allem die erotische Erfahrung gehört. Es steht zu vermuten, daß die stille Louason ihm gerade diese nicht vermitteln konnte, denn obwohl er von ihr gerade *H. H. H. H.* gemacht worden ist, notiert er wenig später in seinem *Journal* voller Neugierde, was er von einer Dame hört, die es auf allen vieren und a tergo trieb, wie Lesbierinnen zum Orgasmus gelangen und wie ein Bekannter es einer Dame bei einer «Party» mit der Hand besorgt hat.[61] Kaum hat Mélanie Marseille verlassen, beginnt er ein Verhältnis mit einer gewissen Rosa, mit der auch schon einmal im Licht einer Laterne auf der Straße Verkehr hat, und begibt sich in eindeutige Gesellschaft. Am 30. März 1806 notiert er, daß das Erlebnis mit Louason enttäuschend gewesen sei, und beschreibt geradezu in der Manier Buñuels ein Picknick, das nach ihrer Abreise stattgefunden hat: *Während des gesamten Diners hatte ich die Schenkel und sogar die Fotze von Madame Filip in der Hand: ihre Trunkenheit und ihre Häßlichkeit [machten] ... aus ihr ein perfektes Marktweib ... Sie fällt in Ohnmacht ... Sie tut einen Rülpser ... Gesicht und lustvolle Seufzer in chromatischer Abfolge ...*

Wie wichtig ist doch dieses *Tagebuch* als Atelier des zukünftigen Schriftstellers, der – wenn er Literatur produziert – n o c h nicht wagt, die Normen der «bienséances» zu sprengen. Und auch das ist gut, denn es zwingt ihn zum Durchmessen aller Dimensionen. Er studiert die vulgäre Sinnlichkeit mit der gleichen Hingabe wie die subtilste Leidenschaft der Frauengestalten in Racines Tragödien. Sein großer Traum ist und wird sein die harmonische Einheit dieser Gegensätze: die mutige, emanzipierte Frau, so aktiv in der sexuellen wie in der gesellschaftlich-künstlerisch-philosophischen Praxis. Noch kann er dieses Ideal nicht in der Wirklichkeit erblicken: den (noch) unvereinbaren Gegenpol zu einer Madame Filip bildet in der Literatur u. a. Madame de Staëls Delphine, in der Wirklichkeit seine Schwester Pauline, die er verehrt und mit langen Briefen zur geistigen Freiheit führen möchte, indem er ihr an Lektüre empfiehlt, was er selbst für sich als normgebend verstanden hatte. Dies ist das dritte Terrain, auf dem sich das Schreibtalent Henri Beyles erprobt: er ist einer der gewaltigsten Briefeschreiber der Epoche, und seine Korrespondenz mit der Schwester hat zu Recht literaturgeschichtliche Weihen erhalten. Sein Verhältnis zu Pauline ist aber keine Ausnahme. Grundsätzlich wird er alle Frauen, die ihm etwas bedeuten, drängen, sich geistig zu betätigen und ihm bei seinen eigenen Entdeckungen zu folgen. Keiner Frau

Stendhal (um 1802)

freilich wird er so systematisch intellektuelle Emanzipationshilfe anbieten wie Pauline, was auch für sein eigenes gesellschaftliches Literaturverständnis wichtig ist. Denn will man wissen, wie sich Beyles Denken in jener Zeit über seinem *«Literarischen Tagebuch»* zu Systemen formte, muß man die Briefe an Pauline studieren, die die Grenze hin zum gebildeten Publikum abstecken, dichtungstheoretisch definiert von Nicolas Boileaus «Art poétique» und dem nützlichen Jean-François de La Harpe, philosophisch von Etienne Bonnot de Condillac, Helvétius, Pierre-François Lancelin und Antoine Destutt de Tracy, und vergleichen mit dem *Journal*, in dem er zur gleichen Zeit die andere Grenze, die zur «écriture sauvage» überschreitet: *Ich liebe Dich mit ganzer Seele,* schreibt er an Pauline am 22. März 1806: *Ich werde niemals eine Mätresse so wie Dich lieben... Sag mir, ob Du die Bücher liest, die ich Dir empfehle... Du spürst, wie nützlich [Destutt de] Tracy ist... Vergiß nie, all Deinen Geist dazu zu benutzen, liebenswert zu sein... Du mußt danach streben, eine reiche Heirat zu machen: mit einem tugendhaften Herzen ist der Reichtum fast immer der Weg zu Glück.*

In der Arbeit am *Tagebuch* schlägt indessen immer mehr das Vorbild Montaignes und des Herzogs von Saint-Simon durch, dessen «Mémoires» er spätestens seit 1800 als Gipfelpunkt des *natürlichen* Schreibstils betrachtet. Nach und nach beginnt er, die Abhängigkeit seines Schreibens vom Körper zu beobachten: von der Müdigkeit, der Verdauung, der Sexualität, den Emotionen, und er notiert – immer wieder – die Unvereinbarkeit des Strebens nach Simultaneität von Erlebnis und Schreiben, des Wunsches nach Schnelligkeit des Schreibaktes und der Notwendigkeit von Ruhe und Distanz beim Schreiben, so am 17. Juli 1804: *wenn ich nicht jeden Abend schreibe, verliere ich alles, was mir an den kleinen Ereignissen nützlich ist..., und was ich dann schreibe, ist nur Nichtigkeit;* am 11. Februar 1805: *Die Momente höchster Leidenschaft sind nicht die besten fürs Schreiben. Die besten sind die, in denen man die erschütterndsten Dinge schreiben kann: dazu braucht es physische Ruhe und Heiterkeit der Seele...;* am 28. Juli 1805: *Ich bräuchte fünfzig Stunden Arbeit, um mit brennender Empfindsamkeit, die strömen müßte wie ein alles überschwemmender Fluß, all das zu beschreiben, was ich von 3 Uhr bis jetzt 9 Uhr empfunden habe. Das ist unmöglich. Ich würde also schlecht beschreiben, und in vierzehn Tagen würde ich mich nicht mehr daran erinnern, was ich beschrieben hätte... ich wäre schön verrückt, zärtliche Erinnerungen zu verderben. Ich werde also nicht von dem sprechen, wovon ich besessen bin.*

Wie also schreiben, wird man nach diesem Kommentar fragen, der auf Proust vorausweist. Beyle akzeptiert das Kontradiktorische des Daseins und gibt die Antwort in der Schreibpraxis seines *Journal*: die Totalität seiner Existenz löst er in Zeichen, in Fragmente auf, die sich zu unendlichem Wirbel verbinden, in dem nur noch Daten Ordnung stiften können: 16. März 1806: *Das Ende dieses Tagebuches ist aus verschiedenen Fragmenten zusammengesetzt, aber die Daten zeigen leicht den Zusammenhang meines Lebens.* Erinnerungen, Lektürenotizen, Erlebnisse vom Tage, Metatexte zum eigenen Text, Selbstdiagnosen, philosophische Exkurse: dies alles zunehmend im Mosaik verschiedener Sprachen, in Englisch, in Italienisch, in Französisch, kurz: in der Mobilisierung all seiner Denkformen, zu denen auch die Zeichnung gehört. Aber diese Ausweitung des Zeichen-, des Sprachrepertoires stellt natürlich auch einen Verlust an Sprachgewißheit dar, und es ist kein Zufall, daß gerade in diese Zeit sein Verzicht auf bestimmte Sprachcodes fällt. *Entlaharpisieren* nennt er den einen, *Entrousseauisieren* den anderen Pol, und den Hintergrund bildet die *Entgagnonisierung*, der Bruch auch noch mit der letzten, zuvor teuren Position des Grenobler Bürgertums: Abschied von leerem Formenkanon und modisch-bourgeoiser Sensiblerie. Er entdeckt Diderots «Jacques le fataliste», an dem er das Prinzip des Witzes und der Plötzlichkeit bewundert, und die kosmische Unendlichkeit Shakespeares: *Shakespeare zum Vorbild nehmen: wie er fließt wie ein Strom, der alles überschwemmt und mit sich reißt. Welch überschäumende Sprachgewalt! … das ist die Natur in ihrer Totalität…* (11. Februar 1805). Und blitzartig taucht die Erkenntnis auf, daß der Verzicht auf Systeme größere Erkenntnis ermöglicht als die Anwendung von Systemen.[62]

Doch der rebellische Bürgersohn aus Grenoble wagt den Sprung nicht. Wohin auch? Zwar meint er, daß ihn planendes Vorgehen am Schreiben hindere, daß die Formgebung, die *sceneggiatura*, wie er mit Vittorio Alfieri sagt, erst nach dem Schreibakt stattfinden sollte, und das Streben nach formaler Perfektion ein Hindernis beim Schreiben sei, aber welche Formensprache hätte denn diesem Erkenntnis- und Gestaltungswillen zur Verfügung gestanden? Vielleicht hätte er im Sturm und Drang, in der deutschen Romantik Modelle finden können, aber er kannte sie schlecht – ein wenig Kotzebue, ein wenig Schiller, sehr viel besser den «Werther» –, aber hätte er sich damit in Paris verständlich machen können? Näher lag da schon, auf Chateaubriand zurückzugreifen, dessen «Génie du Christianisme» (1802) er zunächst mit Begeisterung gelesen hatte. Aber schon in kürzester Frist sollte er eine Aversion gegenüber Chateaubriands Stil als pathetischem Ausdruck des Unauthentischen entwickeln, die sich zu einem regelrechten Haß verfestigen sollte. Chateaubriands Katholizismus, Rousseaus Sensiblerie, die Tränen des Vaters: dies alles verband sich zu einem weltanschaulich-ästhetischen Komplex, der ihm den Sprung ins – vergleichsweise – Formlos-Unpräzise der (französischen) Romantik unmöglich machte. Seine Selbstanalyse im *Tagebuch,* sein Eindringen in das reale Labyrinth des Daseins, seine rastlos-rücksichtslose Aufnahme des Heterogensten in die Reflexion über sich und die Welt, in der er die Orientierung zu verlieren droht, stürzt ihn denn auch in Ermangelung eines adäquaten Formenrepertoires in tiefste psychische Krisen: *Es ist durchaus möglich,* schreibt er am 15./17. Januar 1805, *daß ich mit derart beweglichen und empfindlichen Sinnen und inneren Fähigkeiten wahnsinnig werde.*

Mit Sicherheit ist sein Zwang zu systematisieren auch eine Reaktion auf die Angst vor dem Unendlich-Vielfältigen, das im Chaotisch-Ungeordneten unterzugehen droht. An kaum einer anderen Stelle ist dies deutlicher formuliert als im *Journal* unter dem 14. März 1806: *Mich selbst finden. Mich sehr viel in Gesellschaft begeben und Fähigkeiten herausbilden… Ich brauche dringend einen Lehrplan. Ich muß unbedingt die Geschichte studieren und die Geographie rekapitulieren…* Und Henri Beyle studiert und stellt «Lehrpläne» auf. Vertraut mit Condillac, stürzt er sich in das Studium der Condorcet, Hobbes und vor allem Helvétius, in dessen «De l'Esprit» von 1758 er lernt, daß der Stimulus jeglichen (und damit auch tugendhaften) Handelns das Eigeninteresse ist, die *Jagd nach Glück, la chasse au bonheur,* das Vermeiden von Langeweile, und Beyle, der von Helvétius auch die Auffassung von der Imagination als Kombinatorik von sinnlichen Eindrücken und philosophischen Ideen übernimmt, wird sich ganz dem literarischen Eigeninteresse verschreiben: dem Streben nach literarischer «gloire», und die *chasse au bonheur* wird die zentrale Maxime seines Denkens bleiben. In dieselbe Zeit fällt sein Studium der «Introduction à l'analyse des sciences» (1803) des Mathematikers Lancelin, der er die Überzeugung von der algebraischen Berechenbarkeit und geometrischen Vermeßbarkeit des menschlichen Denkens und Fühlens entnimmt. Die große Entdeckung aber werden 1804 die «Eléments d'idéologie» (1801–1805) von Destutt de Tracy sein, die Ideen-Lehre, in der er studiert, wie der Mensch den (analytischen) Verstand gebraucht. Er übernimmt von Destutt die Lehre von den vier hauptsächlichen Fähigkeiten des Menschen (Sinneswahrnehmung, Gedächtnisfähigkeit, Urteilsbildung, Willen) sowie die These vom Glück als Anwendung der erworbenen Kenntnisse, und bestrebt, Kategorien für das (Selbst-)Verständnis zu entwickeln, stürzt er sich in alles, was nach Wissenschaft vom menschlichen Charakter, von menschlichen Leidenschaften und Fähigkeiten aussieht, ob Madame de Staëls «De l'influence des passions» (1796), die «Rapports du physique et du moral de l'homme» (1798/1802) von Pierre-Jean Cabanis, Philippe Pinels «Traité médico-philosophique sur l'aliénation mentale ou la manie» (1801) oder Maine de Birans «Influence de l'habitude sur la faculté de penser» (1803). Er füllt Hunderte von Seiten mit philosophischen Exzerpten und Entwürfen, mit vergleichenden Textinterpretationen, mit Charakterstudien und Typenanalysen. Und in diesem Kontext kommt auch Chateaubriands Beitrag zur ästhetischen Bildung Beyles zum Tragen: aus der «Poétique du Christianisme» übernimmt er die Typologie der «natürlichen Charaktere», die er freilich aus dem christlichen Argumentationszusammenhang löst und (zum Beispiel mittels tabellarischer Aufstellungen, in denen Sozialcharaktere mit

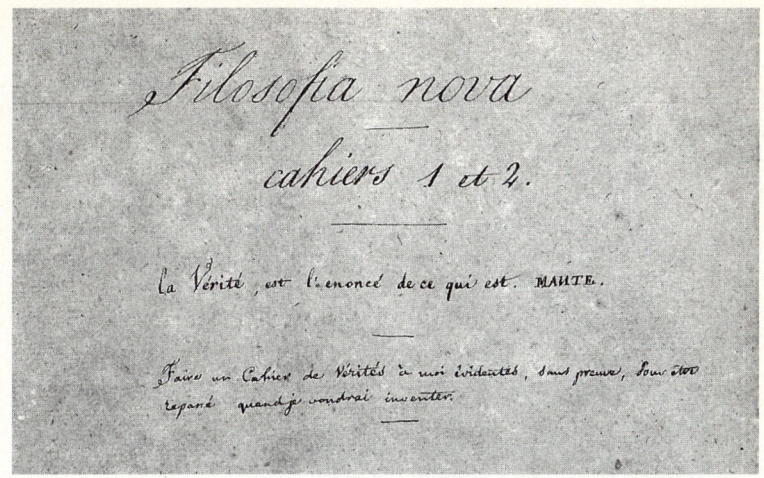
Titelseite des Manuskriptes der «Filosofia nova»

ihren wesentlichen Eigenschaften vermessen und nach Literaturgattungen und -typologien verortet werden) «ins Materialistische» übersetzt.

Neben vergleichenden Analysen dramatischer Autoren und der ihnen (vermeintlich) zugrundeliegenden Systeme, versucht sich Beyle vom 23. Juni bis zum 20. Juli 1804 an einer Theorie der Charaktere und Leidenschaften, der Schauspielkunst und der Komödie, in deren Mittelpunkt eine Definition des Lachens aus Thomas Hobbes' «Essay on Human Nature» steht. Sie sollte den «italienisch-lateinischen» Titel *Filosofia nova* tragen: *Dieses Werk hat zum Ziel, den Kopf und die Leidenschaften zu kennen. Mein Wunsch, ein großer Dichter zu sein, wird mich also zu den Wahrheiten führen, die er enthält. Sie dann zusammenzufügen, ist nicht schwer. Darauf mein dramatisches Genie verwendend, kann ich ein unsterbliches Werk vollbringen… Ich brauche sofort Wahrheiten: zusammenfügen kann ich sie später.*[63]

Hält man sich vor Augen, daß das *«Literarische Tagebuch»* auch Abhandlungen zur Metrik enthält, zum Reim, zur Gattungspoetik, dann hat man eine ungefähre Vorstellung von den Zwängen, die Beyle sich auferlegte, wenn er für das Publikum zu schreiben versuchte. Daß dies zum Scheitern der Projekte führen mußte, liegt auf der Hand, was freilich der Entwicklung des Gesamtwerks nur dienlich sein konnte: nichts wäre verheerender gewesen, als ein Erfolg in konventionellen Formen. Das gilt vor allem für *Letellier*, eine Komödie, die Beyle 1803 beginnt und auch als Stendhal nicht zu Ende bringen wird. Das Sujet kann angesichts seines eigenen Leidens am (jakobinischen) Schreibakt in restaurativer Zeit

Julien-Louis Geoffroy

nicht überraschen: er will den *niederen Charakter* korrupter Autoren wie Louis de Bonald, Chateaubriand, Julien-Louis Geoffroy auf der Bühne entlarven. Natürlich ist dies ein gefährliches Unterfangen, denn der Angriff auf diese Literaten ist auch ein Angriff auf die restaurative Politik Bonapartes: *B[onaparte],* notiert er am 24. August 1804, *zerstört mit Hilfe von Geoffroy und Compagnie die Errungenschaften der Revolution...* Um die ganze Tragweite dieses Satzes zu verstehen, muß man sich erinnern, daß Beyle Anhänger Bonapartes war, daß er aber wie die «idéologues» dessen Kompromiß mit der reaktionären Bourgeoisie und vor allem mit der Kirche verurteilte. Der Sündenfall war das Konkordat, das Bonaparte 1801 mit dem Vatikan geschlossen hatte, und der verabscheute literarische Repräsentant dieser pragmatisch-kompromißlerischen Politik war der Jesuit Julien-Louis Geoffroy (1743–1814). Geoffroy hatte von 1776 bis 1792 die Redaktion der reaktionären «Année littéraire» geleitet, gründete nach 1789 den konterrevolutionären «Ami du Roy», mußte aus Paris flüchten, kehrte aber nach dem 18. Brumaire zurück und übernahm

1800 das Feuilleton im «Journal des Débats», in dem er Lobhudeleien über Bonaparte verbreitete, im übrigen aber eine radikal anti-voltairianische, terroristische Politik gegen das Jahrhundert der Aufklärung insgesamt, gegen die ihm nicht genehmen zeitgenössischen Autoren und Schauspieler im besonderen betrieb.

Die politische Stoßrichtung *Letelliers* war klar: die Entlarvung der reaktionären Schmeichler, die auf die Revision der republikanischen Politik durch Bonaparte abzielten und zu diesem Zweck die Literatur mißbrauchten: *Mein Protagonist kann nur der Freund des Despoten sein, der die öffentliche Meinung verdirbt. Exzellentes Sujet für die Komödie...*[64] Natürlich, räumt Beyle ein, hätte ein Manifest für die Republik und gegen den Despotismus aus der Feder eines Alfieri noch mehr Wucht, aber ein solcher Text könne leicht verboten werden. Daher ginge für den Despotismus von einem ironischen Roman à la «Don Quijote» oder von einer Komödie eine größere Gefahr aus, weil Ironie nicht greifbar, Komik nicht justiziabel sei. Und darum ginge es: das «Journal des Débats» lächerlich zu machen.[65] Wie aber das, was in Beyles Augen das wahre Verbrechen darstellte – die Perversion der artistischen Formen, der künstlerischen Sprache – entlarven, wo doch die klassizistische Doktrin dieser *pervertisseurs* und speziell Geoffroys auf weiten Strecken formal mit der aufklärerisch-jakobinischen Literaturkonzeption übereinstimmte? *Seine Art, Literatur zu beurteilen*, schreibt er über Geoffroy, *ist zwar nicht genial, doch sie ist richtig und gemeinhin gut... Aber er manipuliert total, sobald er von nah oder von fern etwas berührt, was mit dem Despotismus zu tun hat: er ist wirklich der Verderber der öffentlichen Meinung zugunsten des Despotismus. Seine Literaturkritik dient nur dazu, dies zu maskieren.*[66] Wenn dem aber so ist: würde sich die Demaskierung Geoffroys als politisch-literarischer *pervertisseur* nicht gegen die Grundpfeiler jener Ästhetik richten, die Beyle selbst vertrat und die sich nun als politik- und ethikindifferent erwiese und keinerlei aufklärerisch-republikanische Orientierung der Kunstproduktion garantierte? Nach zwei Jahren theoretischer Reflexionen und szenischer Entwürfe gibt er (zunächst) auf: diese (erste) Version des *Letellier* wäre das Trauerspiel seiner eigenen, in den Dramenentwürfen praktizierten Ästhetik gewesen. In der Tat, für jakobinische Kunst, Literatur und schon gar Dramen gab es in der Epoche des Empire und der konterrevolutionären Umfunktionierung des jakobinisch-ästhetischen Instrumentariums keine Chance, kein Publikum mehr. Beyle hatte dies bereits am 7. Dezember 1802 geahnt, als er feststellte: *Man muß sich, wie mir scheint, aus seinem Jahrhundert begeben und zum Bürger des Jahrhunderts machen, das genialen Produktionen am günstigsten gewesen ist. Dieses Jahrhundert ist wahrscheinlich das der großen Männer: man muß also Zeitgenosse Corneilles werden.*[67] Und wenn er wenig später präzisierte: *Ich muß mich völlig aus meinem Jahrhundert begeben und mich unter die Augen der großen*

Männer des Zeitalters Ludwigs XIV. versetzen. Immer für das XX. Jahrhundert arbeiten[68], dann handelt es sich nicht nur um die logische Folgerung aus einem luzide erkannten Dilemma, sondern um ein Produktionsprinzip, das er bis an sein Lebensende beibehalten und ohne Rücksicht auf eventuell vorhandene Leser beim Durchspielen ästhetischen Materials radikalisieren wird. Die Einsicht, ohne Publikum zu sein, mußte jedoch gerade für diesen nach Kommunikation und Ruhm lechzenden jungen Menschen bitter gewesen sein. Seine Identitätskrisen hat dies mit Sicherheit verschärft, und wenn er in seinem Tagebuch am 23. August 1804 zum erstenmal eines seiner rund 300 (Schriftsteller-)Pseudonyme (wie Myself, Ceranuto, Mocenigo, Dominique, Harry, Bombet, l'Animal, Seymours) festhält, nämlich Henri-Clarence Banti, dann ist mit Sicherheit darin neben der Verdrängung der Herkunft und neben aller Lust am Versteck- und Verkleidungsspiel auch ein Stück Orientierungslosigkeit, ja Verzweiflung zu erblicken.

Rathaus und Marienkirche der Stadt Stendal, nach der sich Henri Beyle sein berühmtestes Pseudonym zulegte (Foto um 1900)

Im Dienst des Empereur

Kritiker ohne Einblick in das geschilderte Dilemma haben Beyle vorgeworfen, 1806 die Fronten gewechselt zu haben. Zu Unrecht. Zwar hatte sich Bonaparte der konservativen Claque bedient und mit dem Vatikan Kompromisse geschlossen, was – wie *Letellier* beweist – auf Beyles Ablehnung gestoßen war, aber er hatte auch die absolutistische Fronde vernichtet. Die Exekution des Louis Antoine Henri de Condé, Duc d'Enghien, Anführer der Royalisten, am 21. März 1804, war ein Fanal, das viele Bedenken gegen seine Krönung zum Kaiser am 2. Dezember 1804 wenn nicht ausräumte, so doch relativierte. In Beyles Fall kam aber noch anderes hinzu: sein von Helvétius und anderen «idéologues» genährter Glaube an die Energie und die großen Männer. Schon in der *Pharsalia* hatte er Bonaparte mit Caesar in eins setzen und als Retter der Revolution feiern wollen, und bereits am 22. November 1802 notiert er, fünfzehn Jahre später eine *Histoire de Bonaparte* schreiben zu wollen. Als er dann 1817, auf das Jahr genau, mit ihrer Niederschrift beginnt, setzt er Napoleon der Einfachheit halber gleich sowohl über Caesar als auch Alexander den Großen.[69] Es hat also wenig mit Opportunismus zu tun, wenn er sich – am 10. Juli 1806 wieder aus Marseille nach Paris zurückgekehrt – um eine Karriere in der Napoleonischen Verwaltung bemüht. Daß dabei auch die schmale Unterstützung durch seinen in finanzielle Schwierigkeiten geratenen Vater eine Rolle spielt, soll ebensowenig verschwiegen sein wie die Tatsache, daß die Darus, die er um Vermittlung bemüht, zunächst (wohl in Erinnerung an seine Demission im Jahr 1802) eher zurückhaltend reagieren. Ob dies der Grund war, warum er am 3. August 1806 in die Freimaurer-Loge Sainte-Caroline eintrat, in der auch Martial Daru Mitglied war, mag dahingestellt sein: immerhin scheint die beiden auch Freundschaft verbunden zu haben.

Am 9. August 1805 erneuern England, Rußland, Österreich und Schweden ihre Allianz gegen das imperiale Frankreich, was Napoleon Anlaß bietet, am 25. August Rhein und Main zu überschreiten. Pierre Daru wird Generalintendant der französischen Armee in Deutschland, Martial Intendant des Herzogtums Braunschweig: er nimmt seinen Cou-

Pierre Daru

sin Beyle mit, der – zum Hilfsadjutanten der Kriegskommissare ernannt – in Berlin vom 27. Oktober bis 8. November 1806 eine kurze Schulung erhält. Am 13. November kommt er in Braunschweig an. Ist er auf diesem Weg durch Stendal gekommen? Sicher ist, daß der Name des Ortes ihm gefallen hat, denn elf Jahre später wird er ihn in seine Pseudonymen-Sammlung aufnehmen, und dies mit einigen Folgen. Henri Beyle wird in Braunschweig zwei Jahre lang seine Verwaltungsarbeit sorgfältig erledigen. Er wird Ausflüge machen zum Waldcafé «Der Grüne Jäger», zum Brocken, nach Hamburg-Altona, Halberstadt und Wolfenbüttel, wo er im übrigen in der Bibliothek arbeitet, um Material für eine *Geschichte der spanischen Erbfolge-Kriege* zu-

Martial Daru

Braunschweiger Hauben. Zeichnung Stendhals im Manuskript seines «Voyage à Brunschwig»

sammenzutragen, die er nicht schreiben wird. Er studiert neben Jean-Louis Delolmes «Constitution de l'Angleterre» (1771) und Jean Charles Simonde de Sismondis «Histoire des républiques italiennes du Moyen-Age» (1807–1808) Constantin Volneys «Voyage en Syrie et en Egypte» (1787), eine Schule der präzisen Zeitzeugenschaft, die Beyle sogar zu eigener Produktion anregt: gegen Ende seines Aufenthaltes unternimmt er einen ersten Versuch, sein *Journal* in die literarische Konsistenz einer *Reise nach Braunschweig* zu überführen. Kurz: wirklich gelangweilt dürfte er sich auch in Braunschweig nicht haben, zumal er wieder liebte. Die Angebetete war Wilhelmine von Griesheim (1786–1861), Tochter des exilierten Statthalters des Herzogtums Braunschweig. Mina oder Minette war zwar verlobt, aber sie ließ sich offensichtlich

Wilhelmine
von Griesheim

nicht nur gern von Henri den Hof machen, sie scheint ihm selbst Avancen gemacht zu haben. Er aber zog es vor, alle drei Tage *aus physischen Gründen mit Charlotte Knabelhuber* zu schlafen, *Mätresse des Herrn von Kutendvilde*.[70] In seinem Gedächtnis freilich bleibt wie so oft das Bild der Frau, mit der es nicht zur körperlichen Vereinigung kam: er wird Wilhelmine mit den Novellen *Mina de Vanghel* und *Le Rose et le Vert* ein Denkmal setzen.

Am 11. November 1808 wird Beyle nach Paris zurückbeordert, wo er für vier Monate das Theater- und Opernleben wiederaufnimmt und eine Affäre mit einer Prostituierten namens Eliza hat. Am 28. März 1809 erhält er den Befehl, sich nach Österreich zu begeben. Er ist von Süddeutschland hingerissen und wähnt sich bereits in Italien. Doch die Idylle trügt. Es ist Krieg. Beyle hilft Verwundeten. Und die Brücke über die Traun versperren Tote: *Wir waren gezwungen, sie in großer Zahl in den Fluß zu werfen... In der Mitte, vierhundert Schritte unterhalb der Brücke, ein Pferd, steif und unbeweglich... Die ganze Stadt Ebersberg in Flammen. Die Straße, durch die wir kamen, war voller Leichen. Die meisten Franzosen... Es gab einige, die waren dermaßen verbrannt und schwarz, daß man kaum noch die menschliche Form des Skeletts erkennen konnte. An mehreren Stellen lagen die Leichen übereinander: ich betrachtete ihre Gesichter...*[71] Die Erinnerung an *diese teuflische Brücke* wird in die *Chartreuse* eingehen so wie der Händedruck, den Stendhals Kamerad mit dem Toten tauscht: *Ein sehr schöner toter Offizier. Als er sehen wollte, wo [er verwundet worden war], faßt er ihn an der Hand an: die Haut des Offiziers bleibt kleben.*[72]

Am 13. Mai 1809 langt Beyle in Wien an, um dort unter dem Kommando von Martial Daru zu arbeiten. Über seine Tätigkeit sind wir schlecht unterrichtet, weil das *Tagebuch* eine Lücke vom 14. Mai bis zum 21. Oktober aufweist. Am 15. Juni nimmt er an einem Requiem zu Ehren Joseph Haydns teil, der am 31. Mai verstorben war, erlebt die Schlacht von Wagram krank in der Etappe, übernimmt eine Mission nach Ungarn, besucht Theater und Oper, hört «Don Giovanni», beginnt, Mozart für so bedeutend wie Cimarosa zu halten, und hat ein Verhältnis mit Babet Rothe, Schauspielerin und Sängerin, *the pleasant anxious being*[73]. Das große Ereignis aber ist die Ankunft von Alexandrine Daru (1783–1815), der Gattin Pierre Darus, die er u. a. auch *Milady, Lady Palfy, Lady Gaybut Grabu, Madame de Dipholtz* oder *Comtesse Petit* nennt. Er wird zu ihrer Betreuung abgestellt, und da er sich einredet, sie zu lieben, ja sogar daß sie, die bereits fünffache Mutter, ihn liebt, macht er ihr auf seine Art den Hof: so

Jacques Louis David: Alexandrine Daru

schüchtern, daß sie es gar nicht merkt. Das tut seinem Glück keinen Abbruch: *ich hatte eine Mätresse, die ich fickte*, schreibt er im *Brulard, und eine Mätresse, die ich anbetete*[74].

Am 20. Januar 1810 ist Beyle wieder in Paris und erfährt, daß er zum «Auditeur» ernannt werden soll, was man als eine Art Referent beim Staatsrat bezeichnen könnte und im übrigen ein halbes, niedrig dotiertes Ehrenamt war. Die offizielle Ernennung erfolgt am 3. August. Am 22. August wird Beyle Inspektor des Mobiliars und der Gebäude der Krone. Sein Bureau ist im Châtelet. Er hat sich mit der Buchhaltung des Louvre zu beschäftigen, muß sich um die kaiserlichen Paläste Versailles, Fontainebleau, Bagatelle, Meudon, Saint-Cloud kümmern und wird im Oktober 1810 beauftragt, das Gesamtinventar des Louvre zu erstellen. Bis Oktober 1813 wird er die Verantwortung für diese Arbeit tragen, die die analytische Expertise, die Beschreibung der Kunstwerke und ihre Klassifikation umfaßte und deren ganze Dimension bis heute noch nicht ausreichend erforscht ist. Sicher aber ist, daß er bei dieser Arbeit auch Kenntnisse erwirbt, die ihm später bei seinen kunstgeschichtlichen Studien von Nutzen sein werden.

Aus der wie stets prekären finanziellen Situation hilft ihm sein Amt freilich nicht. Im Gegenteil: Diener, Kalesche, schmucke Uniform, Theater- und Opernbesuche stürzen ihn in immer größere Schulden. Er hat eine Mätresse, von der wir wissen, daß sie ihn aufrichtig geliebt hat: Angéline Bereyter (1786–1841), Sängerin am Odéon, *der kleine Engel*, auch Frau *Mozart genannt*, die – weil Beyle wieder einmal zu schüchtern ist – am 29. Januar 1811 von sich aus zu ihm kommt, um mit ihm zu schlafen: *Was die Liebe angeht*, schreibt er am 17. März, *bin ich völlig zufrieden*. Aber offensichtlich genügt Angéline seinen intellektuellen Ansprüchen nicht: *Sie kennt sich gut in der Musik aus, aber sie hat einen durch die Plattheit der aktuellen französischen Schule verdorbenen Geschmack…*[75], und während er mit Angéline schläft, macht er Alexandrine Daru den Hof. Seit er geglaubt hatte, beim Abschied in Wien Tränen in ihren Augen zu sehen, hatte er an keine andere Frau mehr zu denken vermocht, eine psychische Disposition, die mit Sicherheit für die Entstehung seiner These von der *cristallisation* günstig war. Am 5. und 6. Januar 1810 hatte er die Salinen von Hallein besucht, wo dem Besucher Zweige verkauft wurden, die im Salzbad Kristalle angesetzt hatten. Beyle ließ sich davon zu einer – auf der Metapher der Kristallisation aufbauenden – Theorie der Liebe inspirieren, die er zehn Jahre später in *De l'amour* systematisch ausarbeiten wird: *Was ich Kristallisation nenne, ist die Operation des Verstandes, die aus allem, was er wahrnimmt, die Entdeckung ableitet, daß das geliebte Objekt bislang unbekannte Vollkommenheiten besitzt… Mit einem Wort: es genügt, eine Vollkommenheit zu denken, um sie dann an dem, was man liebt, auch zu sehen.*[76] Seine Liebe zu Alexandrine läßt ihn unentwegt neue Vollkommenheiten an ihr entdecken. Aber ist es über-

Vorstudie zu einem Stendhal-Porträt (1807)

haupt Liebe? Oder nicht doch eine absurde Herausforderung der Herausforderung wegen? Allein die Idee, der Gattin des gefürchteten Pierre Daru den Hof zu machen, dem er immerhin seine Karriere und seine Ernennung zum Auditeur verdankt, ist mehr als kauzig. Er verfolgt sie mit Anspielungen, doppeldeutigen Reden, dichtet ihr «kristallisierend» Gefühle an, die sie nie besessen oder gezeigt haben dürfte, ja, er läßt sich sogar von Crozet beraten, ob er die *Belagerung Alexandrines* aufgeben oder fortsetzen soll. Den Höhepunkt bildet ein Brief, mit dem er die seiner Meinung nach Zaudernde zu einer Entscheidung zwingen will. Aus Angst vor Daru transponiert er ihn in eine «orientalische Geschichte»: *Es kann sein, daß dieser Brief von profanen Augen gelesen wird, aber zum einen ist er auf Arabisch verfaßt, zum anderen habe ich alle Details, die Sie unter allen anderen Sklavinnen des Serail verdächtig machen könnten, verfremdet. Tausend Wege tun sich für die Antwort auf... lassen Sie diesen Brief in den ersten Rosenbusch fallen, der sich auf der Seite des Meeres befindet, wenn man den Harem verläßt...*[77] Natürlich ließ Alexandrine, die wenig später als achtfache Mutter im Kindbett sterben sollte, nichts in den Rosenbusch fallen: sie hatte nicht einmal verstanden, daß der Brief von Beyle war.

Neben Versuchen, *Letellier* auf neuer Basis weiterzuschreiben, widmet sich Beyle in diesen Pariser Jahren Studien zur politischen Ökonomie (Adam Smith und Thomas Malthus), liest viel – wie zum Beispiel Goethes 1809 erschienene «Wahlverwandtschaften» – und beginnt im Februar 1811 mit Crozet das Studium von Edmund Burkes Traktat über das Sublime. Gemeinsam sind sie in Shakespeare vertieft, übersetzen «Cymbeline», analysieren «Macbeth», «Den Kaufmann von Venedig», «Julius Caesar», «Die lustigen Weiber von Windsor» und vergleichen mit Racine und Corneille. Diese und andere Studien stehen jedoch in ihrer Bedeutung weit hinter der Entwicklung des *Tagebuchs* zurück, in dem sich die Zerrissenheit des Individuums Beyle artikuliert, das sich zunehmend in Maskenstrategien begibt. Während er als Auditeur und Inspektor ein erfolgreichdandyhaftes Leben zu führen scheint, entwickelt er immer größere innere Distanz zur mondänen Welt und seinen Beamtenpflichten, die ihn von seiner eigentlichen Bestimmung, dem Schreiben, abhalten. Am 17. März 1811 taucht denn auch zum erstenmal der Terminus in seinem *Tagebuch* auf, der ganze Generationen von «stendhaliens» ins Brot setzen wird: *Beylismus*. Er notiert, daß sein Freund Crozet nicht fähig ist, eine Liaison der Wollust wegen einzugehen, sondern daß bei ihm jede Beziehung gleich eine bieder-tragische Dimension annehmen müsse. Er versuche zwar, ihn dazu zu bewegen, *ein wenig beylistisch* zu werden, aber vergeblich: *Die Wollust wird an ihm nie einen wirklichen Anhänger haben, und er scheint mir fast unwiderruflich zur Traurigkeit und zum Tiefsinn, die sie diesem Volk der Affen verschafft, verdammt zu sein.* Und immer noch am selben Tag verallgemeinert er diese Feststellung, indem er überlegt, wie man aus dem Leben Alfieris eine Komödie machen könne, die Molières «Misanthrope» widerlege und *die tugendhaften Melancholiker zum Beylismus* bekehre. Tatsächlich hat sich Beyle schon früh mit den Gestalten in Molières Dramen identifiziert, die mit Witz, Ironie und heiterer Gelassenheit eine Sprachbarriere zwischen sich und der Welt aufbauen, die sich also nicht moralisierend-ernsthaft und schon gar nicht tragisch-leidend in weltliche Geschäfte mischen. Seine Idealgestalt in dem von ihm evozierten Kontext des «Misanthrope» wäre die ironisch-spielerische Célimène, die sich weigert, ihre «wahren Gefühle» zu offenbaren, kurz: der distanzierte Beobachter, der die anderen durchschaut, hinter seine eigene heitere Maske aber nicht schauen läßt. Von hier aus wird Beyle nach und nach seine Strategie gesellschaftlicher Kritik über die Positionen des Maskenspiels entwickeln, für das vor allem die Gestalt des Mocenigo charakteristisch ist, mit dem er im *Tagebuch* Zwiesprache hält. Mocenigo, das ist er selbst als Beobachter und Kenner der Seelenregungen der anderen und als ironischer Kommentator der Konflikte und Empfindungen, an denen er, Henri Beyle, leidet oder leiden könnte. In dieser Zeit der mondänen Geschäftigkeit und der artistischen Frustration ist das *Tagebuch,* das er auch *eine anatomische Arbeit,* eine Sezierung des Ichs nennt[78], sein Refugium: *Nosce te ipsum,* schreibt er am 10. August 1811: *Ich glaube mit Tracy und [den Philosophen] Griechenland[s], daß dies der Weg zum Glück ist. Mein Mittel ist das Tagebuch.*

Im Frühjahr 1811 rechnet er damit, nach Rom versetzt zu werden, wo Martial Daru als Intendant tätig ist. Zusammen mit Crozet, der ihn begleiten und mit dem zusammen er ein Reisetagebuch schreiben will, beschließt Beyle, in Vorbereitung der Reise den «italienischen Charakter» zu studieren, was mit einer Kritik bereits vorliegender Charakterstudien und Reisebücher beginnt, bei der eigentlich nur die «Lettres d'Italie» (1739/ 1740) von Charles de Brosses, genannt der «Präsident», auf uneingeschränktes Lob stoßen. Die Ernennung in Rom freilich zerschlägt sich. Beyle nimmt Urlaub und bricht am 29. August 1811 – ohne Crozet – nach Italien auf. Am 7. September kommt er in Mailand an. Am 8. September sucht er Angela Pietragrua auf, die große Mühe hat, «den Chinesen» wiederzuerkennen. Am

Angela Pietragrua

12. September erklärt er ihr, daß er sie seit ihrer ersten Begegnung liebe. Am 21. September, um 11 Uhr 30, schläft er mit ihr und notiert *victoire* im *Tagebuch* und das Datum der *victoire* auf seinen Hosenträgern. Am nächsten Morgen bricht er auf zu seiner ersten Reise durch Italien. In Bologna ist er zunächst vor dem Neptun-Brunnen des Giovanni da Bologna und einem Bild Guido Renis ratlos: er bräuchte, so konstatiert er am 24. September, einen *La Harpe* für die Malerei, um sie mit mehr Kompetenz betrachten und beurteilen zu können: *Ich urteile nur nach Ausdruck, Imagination und Natürlichkeit.* Doch in Florenz, wo er am 26. in Santa Croce die Gräber von Alfieri, Galilei, Machiavelli und Michelangelo besucht, weicht die Ratlosigkeit spontanem Enthusiasmus: vor den vier Sibyllen des Daniele da Volterra und einem Bild Bronzinos, «Christus in der Vorhölle» (1552), das er für einen Guercino hält, verfällt er in ekstatische Verzückung: *Ich war fast zu Tränen gerührt. Sie steigen mir wieder in die Augen, während ich dies hier schreibe. Ich habe niemals etwas so Schönes gesehen. Ich brauche Ausdruck, oder schöne Frauengesichter. Alle diese Gesichter sind zauberhaft und klar, nichts ist unpräzise... Mein Gott, ist das schön.* Am 30. September kommt er in Rom an, wo ihn das Colosseum ähnlich tief berührt, der Petersdom aber kaltläßt. Er stattet Martial Daru einen Besuch ab und lernt durch ihn den Bildhauer Antonio Canova (1757–1822) kennen. Am 5. Oktober erreicht er Neapel, besucht Pompeji und Herculanum und ist am 22. September zurück in Mailand, um dort knappe drei Wochen mit Angela zu verbringen. *A[ngela] war eineinhalb Stunden bei mir*, schreibt er am 30. oder 31. Oktober, *She seemed to have pleasure. For my own account I made that two times, and for her three or four.*[79] Und während er auf sie wartet, liest er Luigi Lanzis «Storia pittorica della Italia» (1792, 3. Aufl. 1809) und faßt zum erstenmal den Gedanken, selbst eine Geschichte der italienischen Malerei zu schreiben.

Am 27. November ist Beyle wieder in Paris. Pierre Daru weist ihn wegen seiner Dienstauffassung zurecht: er wird nicht befördert, nicht ausgezeichnet, vom erhofften Titel eines Barons ganz zu schweigen. Da sich Alexandrine für ihn verwendet, schließt Beyle einmal mehr auf ihre Liebe. Er nimmt das Leben (auch mit Angéline) wieder auf, das er vor seiner Reise nach Italien geführt hatte. Aber ohne Enthusiasmus, und am 5. Februar 1812 bittet Beyle, zum Kriegskommissar ernannt zu werden. Er beginnt ein Fragment gebliebenes Selbstporträt *Character of Mr. Mys[elf]*, in dem er für sich das Pascalsche Innovationsprinzip der Re-Organisation traditionellen Materials reklamiert und sich in bezug auf *das Gestaltungsideal* und *die moralische Schönheit* Raffael zuordnet. Vor allem aber schreibt er an seiner *Histoire de la peinture en Italie (Geschichte der italienischen Malerei)*, die er am 4. Dezember 1811 begonnen hat: eine Montage aus Übersetzungen anderer Autoren wie Angelo Gomolli, Carlo Amoretti, Giuseppe Bossi, Anton Raphael Mengs und Giorgio Vasari, vor allem aber aus Lanzis «Storia pittorica». Es ist oft darüber

Bronzino: Christus in der Vorhölle (1552)

Das brennende Moskau

gerätselt worden, was Beyle zu dieser Art Remake anderer Autoren veranlaßt hat, die von vielen auch als Plagiat bezeichnet worden ist, aber derartige Urteile gehen an der Sache vorbei: Beyle macht sich in seinen Schriften über Malerei und Musik mittels Übersetzung und Montage im wahrsten Sinn des Wortes die Sachkenntnisse und -urteile der Experten zu eigen, deren Formen des Denkens und Sprechens anderen ästhetischen Normen gehorchen, um sie so in seine «jakobinische Ästhetik» zu übersetzen, daß er mittels dieser Übersetzung adäquat sein eigenes ästhetisches Empfinden, die Ergriffenheit, die ihn in Santa Croce beseelt hatte, formulieren kann. Kurz: es geht um die Vermittlung ästhetischer Dimensionen, die dem normativen Wertsystem des französischen Klassizismus gleichgültig oder fremd waren, mit den Positionen der Beyleschen Ästhetik. Nur so erklärt sich, daß die Arbeit an der *Peinture* von einer angestrengten Analyse von Stilsorten begleitet wird: ausgehend von der Überzeugung, daß *die Form Teil der Sache ist*[80] und der *Stil ein transparenter Lack* sein muß, der die *Farben, Fakten und Gedanken nicht verändern*,

eine sprachliche Entfaltung aller Möglichkeiten eines Gedankens, die diesen *nicht entstellen darf*[81], vergleicht er die aus seiner Sicht einschlägigen französischen Autoren Fénelon, Buffon, Montesquieu, Voltaire, La Bruyère, Rousseau, Bossuet, um aus diesem Vergleich seine eigene Sprache für das Projekt der *Peinture* abzuleiten. Das *summum optimum* stellt für Stendhal die von La Bruyère genährte, aus Fénelon und Montesquieu gewonnene Sprache dar, in der nun auch die Urteile über die italienische Malerei zu formulieren wären, wobei interessant ist, daß er in dieser Zeit beginnt, die Stilfrage zunehmend zu visualisieren bzw. literarischem Stil Handschriften von Malern oder Bildhauern zu assoziieren. So steht zum Beispiel Pietro da Cortona für den – wie er es nennt – sentimental-akademischen Stil der zeitgenössischen Autoren wie Abel-François Villemain, Chateaubriand, Charles Nodier oder George Sand, Michelangelo dagegen für Corneilles heroischen Stil, dann aber besonders für Shakespeare, und Raffael sowie Correggio für die Perfektion literarischen Schaffens überhaupt.

Als er am 23. Juli als Auditeur nach Rußland aufbricht, um Napoleon die Geschäftspost zu überbringen, nimmt er neben den dreizehn Kladden seiner *Peinture* und dem *Tagebuch* von 1807 *Letellier*-Manuskripte mit: er wird alles mit Ausnahme eines Heftes der *Peinture* und eines *Letellier*-Manuskriptes verlieren. Am 12. August überquert er die Beresina, am 7. September die Moskwa. Am 14. September trifft er in Moskau ein – als die Feuersbrunst beginnt. Er muß ununterbrochen das Quartier wechseln, wird von Zahnschmerzen und Durchfall geplagt, kämpft inmitten des Chaos mit erbeutetem Wein dagegen an, kommt in der Medizinischen Akademie unter, requiriert eine Villa für Pierre Daru, findet dort u. a. Werke von Buffon, Voltaire und Corneille, erhält den Befehl zum Rückzug, nimmt einen Band «Facéties» der Voltaire-Ausgabe mit, bleibt in den blindlings durchs Feuer fliehenden Konvois stecken und blickt zurück auf die Stadt, die *von der schönsten Feuersbrunst der Welt erleuchtet* wird: *der Mond schien, wie ich glaube, über der Lohe. Das war ein grandioses*

Schauspiel, aber man hätte allein sein müssen, um es zu betrachten. Genau das war der traurige Umstand, der mir den Rußlandfeldzug verdorben hat: ihn mit Leuten machen zu müssen, die auch das Colosseum und die Bucht von Neapel um ihre Größe gebracht hätten.[82] Gewiß, der Ton ist voll Desinvolture, aber wir wissen, daß Beyle sich – auch mit der Waffe in der Hand – bravourös geschlagen hat und daß er um sich her Menschen sterben sah, durch Waffen und Frost, wie seinen Cousin Gaëtan, den Sohn Romain Gagnons. Am 2. November kommt er in Smolensk an und erhält von Daru Order, für die Verproviantierung beim Rückzug zu sorgen. Am 14. Dezember erreicht er Königsberg, kahl und ausgehungert. Und hört dort noch am selben Abend Mozarts «La clemenza di Tito».

Am 31. Januar 1813 ist Beyle wieder in Paris: erschöpft, enttäuscht. Das Pariser Leben ödet ihn an. Mit Alexandrine hat er nichts mehr im Sinn. Trotz aller heroischen Taten in Rußland keine Beförderung, keine Ernennung: *ich bin nach wie vor ein Nichts,* schreibt er am 13. April 1813 an Pauline. Zwei Tage später erhält er einen neuen Marschbefehl nach Deutschland. Am 19. Mai erreicht er Bautzen, wo er der Schlacht beiwohnt, ohne etwas zu sehen. Am 6. Juni wird er zum Intendanten von Sagan ernannt, trifft dort am 10. Juni ein, wird krank, fährt am 27. Juli nach Dresden, wo er – beeindruckt von der Schönheit der Stadt – neben Bildern von Mengs Raffaels «Madonna di San Sisto» sowie Correggios «Heilige Nacht» und «Sankt Georg» bewundert. Am 20. August ist er zurück in Paris, leidet weiter an Fieberanfällen, erhält Urlaub und reist nach Mailand, wo er am 21. September den Jahrestag seiner *victoire* in den Armen Angela Pietragruas feiert. *Ich habe meine ganze Seele wiedergefunden,* jubelt er. Zwischen den sexuellen Ekstasen, die er mit Angela durchlebt, beschäftigt er sich mit Problemen der Komödie, verwirft definitiv den Zwang, in Versen zu schreiben und kehrt voller Bewunderung zu Molière zurück, den er über die Komödienschreiber aller Nationen unter Einschluß der Griechen und Römer stellt. Er analysiert minuziös «Les femmes savantes», «Les fourberies de Scapin», «George Dandin», «Tartuffe», eine Arbeit, die er – neben Kommentaren zu August Wilhelm Schlegels «Vorlesungen über dramatische Kunst und Literatur» – nach seiner Rückkehr in Paris mit der Analyse des «Misanthrope» fortsetzt und die begleitet wird von der Redaktion eines *Traité de l'art de faire des comédies (Traktat über die Kunst, Komödien zu schreiben).* Am 14. November kehrt er zurück nach Paris, *weil die Dinge in Frankreich schlecht stehen.*

Am 26. Dezember wird Beyle nach Grenoble versetzt, um dort zu helfen, den Widerstand gegen die Truppen der Allianz zu organisieren. Vergebliches Bemühen: das Empire hört auf zu existieren. In Paris sieht er am 30. März 1814, wie Montmartre von den Russen eingenommen wird. Die Restauration beginnt. Am 1. April verliert Beyle seine Stelle als Auditeur. Eine provisorische Regierung wird eingesetzt, die am 7. April die

Correggio: Heilige Nacht

Bourbonen zurückruft. Stendhal unterwirft sich der neuen Macht, erhält aber kein Amt. Seine Dienstbezüge als Kriegskommissar im Ruhestand werden halbiert. Er hat Schulden, liquidiert seinen Grenobler Besitz, läßt sich sein Erbteil auszahlen, investiert den Rest als Kapitalanlage, die ihm

Stendhal beobachtet die «untreue» Angela Pietragrua. Titelblatt von Félicien Rops für Prosper Mérimées «H. B.» in der Ausgabe von 1864

zeit seines Lebens eine jährliche Rente von 1600 Francs eintragen wird, und da die neue Regierung allen Beamten im Ruhestand auferlegt, sich aus Paris zu entfernen, beschließt er, sich in Mailand niederzulassen. Aber Angela Pietragrua hat kein Interesse mehr an einer Liaison mit einem Franzosen. Offensichtlich läßt sie sich von neuen Liebhabern auf der Siegerseite aushalten. Stendhal klammert sich zwar an Illusionen, muß sich dann aber dank der Indiskretion einer Dienerin, von der Prosper Mérimée 1850 in seinem «H. B.» berichten wird, per Augenschein von der Wahrheit überzeugen, und obwohl er sich zu Beginn ihrer Affäre geschworen hatte, Mocenigosche Distanz zu wahren, ist er verzweifelt und denkt an Selbstmord. Noch einmal scheint sich die Situation zu seinen Gunsten zu wenden, denn am 1. März landet Napoleon in Golfe-Juan, aber die Hoffnung stirbt bei Waterloo: *ich fiel mit Napoleon,* schreibt er im Rückblick.

Mailand, oder die Geburt Stendhals

Mit der Eroberung immer neuer Dimensionen des Daseins im *Tagebuch* war dies von innen her an die Grenze seiner Leistungsfähigkeit gelangt: die in ihm versammelten Materialien drängten auf Emanzipation und mußten notwendigerweise die *Tagebuch*-Begrenzung sprengen. Das wird nirgends deutlicher als in den Geburtswehen des italienischen Reisetagebuchs, das beim ersten Anlauf 1811 nicht zustande gekommen war. Im März 1813 faßt er den Entschluß, die Reisenotizen von damals als Reisetagebuch zu veröffentlichen, und er läßt u. a. eine Kopie für Crozet anfertigen, die ein außerordentlich aufschlußreiches Vorwort enthält: *Leider bin ich nicht mehr der Mensch, der ich 1811 war. Ich werde also nichts an meinen Tagebüchern von 1811 ändern. Sie würden an Authentizität hinsichtlich meiner Empfindungen einbüßen, was sie an Klarheit und Gefälligkeit gewönnen. Bei meiner Rückkehr aus Moskau habe ich nicht mehr dieselben Leidenschaften wiedergefunden, die mein Leben beseelt hatten… Die Kälte, in die ich zur Zeit gestürzt bin, wäre nicht unangenehm, wenn ich mich an das Glück erinnern könnte, das mir meine Neigungen spendeten, die mich vor meiner Reise nach Rußland ausgefüllt hatten, eine Reise, die immerhin den Vorzug hat, mich Dinge sehen zu lassen, that no Mocenigo from Cervantes, I believe, has never seen.*[83] Das Ich, das sich hier in der Spontaneität seines Empfindens als öffentliches Subjekt vorstellen will, ist sich der Problematik eines nicht literarisch gestalteten Textes völlig eingedenk, und die bemerkenswerte Bezugnahme auf Cervantes unterstreicht die ästhetische Kalamität, die dazu führt, daß auch dieser erneute Ansatz scheitert. In dieser Form war das *Tagebuch* nicht publizierbar, was ihn dazu führte, die Gestaltungsfrage eingehender zu bedenken. Am 28. Juni 1813 überlegt er, wie man aus einschlägigen Autoren einen publikumswirksamen «digest» zusammenstellen könne, und er schließt mit einem gattungstheoretischen Kommentar: *Ein Reisetagebuch muß voll sein von Erlebnissen, ein Reiseführer hingegen darf diese nicht enthalten… Die Mischung von Erlebnis und Information ist abscheulich und beeinträchtigt unendlich das Vergnügen des Reisenden, der damit belästigt wird, was ein anderer Mensch empfunden hat, statt selbst seinen eigenen Empfindungen überlassen zu werden.*

Wahrscheinlich bedurfte es sowohl der Befreiung von der Last aller Ämter als auch der großen sentimentalen Krisen, in die Beyle in jenen Jahren gestürzt wird, um seine Kräfte zu entfesseln. Zwar äußert er immer wieder seine Absicht, Stücke zu schreiben, und am 30. September 1816 will er sogar erneut mit *Letellier* beginnen, obwohl Geoffroy ihm inzwischen unter der Hand verstorben ist. Der Durchbruch aber findet auf einem ganz anderen Terrain statt, das im *Tagebuch* begonnen hatte, immer mehr zu expandieren: auf dem der Musik. Sie drängt seit dem Erlebnis der Mailänder Scala auch theoretisch immer mehr in seine Reflexionen über die Künste, wobei er zunächst – wie bei der Malerei – seine Ratlosigkeit bekennen muß. Während in der Literatur antike und klassische Modelle die Richtung weisen konnten, in der bildenden Kunst eine Orientierung an Architektur und Skulptur der Antike, in der Malerei an Modellen der Renaissance, im übrigen aber auch immer an der Naturschönheit möglich war, fehlt der Musik, wie er am 27. März 1812 konstatiert, die Idealschönheit: *wenn man davon ausgeht, daß «Da che il mal é disperato» aus dem «Matrimonio» und «Scioltezza, amico» desselben Cimarosa die Worte richtig ausdrücken, ist dieser Ausdruck dann idealschön oder naturschön?*

Was an dieser Frage zunächst einmal frappiert, ist die beiläufige Anbindung der Bewertungskategorien für die Musik an das Wort. Tatsächlich hat Stendhal ein gebrochenes Verhältnis zu instrumentaler Musik: *Ich finde überhaupt keinen Gefallen an reiner Instrumentalmusik... Allein der melodische Gesang scheint mir ein Werk von Genie zu sein.*[84] Um so problematischer seine (Selbst-)Beobachtung, daß die Musik insoweit den anderen Künsten überlegen sei, als sie unmittelbare psychische Wirkung zeitige[85], denn immerhin könnte man fragen, ob diese dann nicht eher auf eine vollkommene Interpretation eines Textes zurückzuführen ist. Aber gerade das ist vielleicht das Besondere an Beyle/Stendhals Verhältnis zur Musik, daß er sie nicht von den anderen Künsten getrennt betrachten, empfinden, verstehen kann, was besonders deutlich wird, wenn er befindet: *Ich habe oft gedacht, daß die Wirkung der Symphonien von Haydn und Mozart erheblich zunehmen würde, wenn man sie in einem Theaterorchester spielen würde und wenn während ihrer Aufführung vorzügliche Dekorationen, die den hauptsächlichen Ideen der verschiedenen Stücke angemessen wären, auf der Bühne aufeinander folgen würden.*[86] Beyle denkt dabei vor allem an die Ballette des Mailänder Choreographen Salvatore Viganò (1769–1821), die ihn begeisterten, und während seiner Mailänder Zeit hat er nahezu allabendlich Gelegenheit, die von ihm als wichtigstes ästhetisches Kriterium verstandene psychische Wirkung der Musik an sich und am Publikum zu studieren. Aber wie schon hinsichtlich der Malerei drängt es ihn auch hier zum Erwerb sicherer Kenntnisse, und ganz im Sinn seiner Konstruktion eines Reisetagebuchs aus Texten anderer Autoren beginnt er am 10. Mai 1814 die Redaktion der *Vies de Haydn, de Mozart et de Métastase*, die auf Kosten des Autors 1815 unter dem Namen Louis-Alexandre-César Bombet in Paris erscheinen und viel Staub aufwirbeln sollten. Das Beylesche Verfahren war in der Tat äußerst problematisch. 1812 waren in Mailand Giuseppe Carpanis «Le Haydine, ovvero Lettere sulla vita e le opere del celebre maestro Giuseppe Haydn» erschienen, von denen Beyle in dem Haydn gewidmeten Teil, der 22 Briefe umfaßt, gut die Hälfte in schlichter Übersetzung einmontierte, ohne auch nur den Namen des Autors zu erwähnen. Der Abschnitt über Mozart besteht aus der Übersetzung einer Broschüre eines C. Winckler über Mozarts Leben sowie zwei Briefen aus der Feder Beyles, und die beiden Briefe über Metastasio bedienen sich ausgiebig anderer zeitgenössischer Quellen. Giuseppe Carpani (1751–1825) reagierte empört, und wenn Beyle auch geltend machen sollte, daß ein Text, der unter Pseudonym erscheint, nicht eigentlich ein Plagiat sein könne, und darüber hinaus auch in einer Fußnote am Ende des Werks mitteilt, daß man in ihm kaum eine Zeile fände, die nicht eine Übersetzung aus anderen Autoren sei (was so auch nicht stimmt), ist der Zorn Carpanis doch mehr als verständlich. Wie die Forschung (nicht zuletzt im Anschluß an eine brillante Analyse Romain Rollands) nachgewiesen hat, wäre es freilich falsch, den *Vies* jegliche Originalität abzusprechen. Beyle rückt das Material weg von Carpanis Autoritäten (wie zum Beispiel Christoph Willibald Gluck) und stellt es in einen ästhetischen Bewertungskontext, dessen Hauptkoordinaten Cimarosa und Mozart sind, und die nationalspezifischen Unterschiede, die bei Carpani nur beiläufig erwähnt werden, geben Beyle Anlaß zu langen Abhandlungen über die mentalen Verschiedenheiten der Nationalcharaktere, die ihrerseits Hippolyte Taine zur Entwicklung seiner Theorie vom Einfluß von Ethnie, Gesellschaft und historischen Bedingungen auf die Kunstproduktion inspirieren sollten.

Am 14. Juni 1814 beginnt Beyle mit der zweiten Version seiner *Peinture*, die Ende Juli 1817 wieder auf Kosten des Autors erscheint, in einigen Exemplaren eine gedruckte Widmung an Napoleon enthält und im übrigen mit der Widmung schließen sollte, die später die großen Texte Stendhals begleiten wird: *To the happy few*. Wie in der ersten Version folgt Beyle auf weiten Strecken (zumal für die Anfänge der bildenden Kunst in Italien von Pisano über Cimabue, Giotto, Uccello, Masaccio zu Ghirlandaio) Luigi Lanzi, schöpft für Leonardo ausgiebig aus Carlo Amoretti und Giuseppe Bossi, für das Leben Michelangelos neben Vasari und Lanzi aus Ascanio Condivi und Leopoldo Cicognara, aber so kunsthistorisch unoriginell die *Peinture* auch sein mag, so wichtig ist sie doch für das Verständnis Stendhals, wobei zunächst gesagt sein muß, daß – im Gegensatz zur landläufigen Meinung – sein in der *Peinture* gehaltenes Plädoyer für ein insgesamt soziologisch-geschichtliches Verständnis und eine innerhalb dieses Rahmens in letzter Instanz in die Subjektivität des Empfindens verlegte, relative Wertung von Kunst keine Hinwendung zur Romantik als spezifischer Bewegung des Umbruchs vom 18. zum 19. Jahrhundert und nur ganz bedingt ein Anknüpfen an Madame de Staëls «De la littérature considérée dans ses rapports avec les institutions sociales» darstellt. Auch die Entdeckung der «Edinburgh Review» durch Stendhal 1816 löste keine irgendwie geartete Revolution in seinem ästhetischen Denken aus, wie von der Exegese in Unkenntnis seiner frühen Schriften oft behauptet worden ist. Ja, die Romantik-Variante der «Edinburgh Review» besticht Beyle gerade wegen ihres Versuchs, das Individuell-Schöne einer Epoche und die Darstellung der großen, repräsentativen Leidenschaften mit den Idealen der Aufklärung zu verbinden, und weil sie mit der rational-analytischen Philosophie der «idéologues» kompatibel ist und damit – wie er Crozet schreibt – seine eigenen Überzeugungen bestätigt. Für Stendhal ist – in Übereinstimmung mit dem, was er für das Credo der «Edinburgh Review» hält – romantisch, was subjektiv empfundener und individuell gestalteter Ausdruck einer Epoche ist, der aus dem Studium von Psyche und Leidenschaften resultiert, und allein die so verstandene Romantik macht verständlich, wieso er zum Beispiel in den *Vies* schreiben kann: *Die vollkommen romantische Imagination Molières im «Don Juan», diese überaus wahre Gestaltung einer derart großen Zahl von interessanten Situationen... alles das stimmt wunderbar mit dem Talent Mozarts zusammen.*[87] Denn Corneille, Molière, La Fontaine, Saint-Simon sind für Stendhal französische Romantiker des 17. Jahrhunderts, und seine zum Teil brillanten Versuche, aus den ihm zur Verfügung stehenden Materialien den jeweiligen sozial- und mentalitätsgeschichtlichen Kontext zu rekonstruieren, sowie sein Plädoyer für eine von überzeitlichen Normen freie, in die jeweiligen geschichtlichen Bedingungen eingebettete Kunstbetrachtung, die trotz dieses Relativismus den Schönheitsidealen der verschiedenen Epochen verpflichtet sein sollte, ist nicht «romantisch», sondern die logische Fortsetzung des Streits um Kunstproduktion nach abstrakten Schönheitsnormen oder geschichtlich variierenden Schönheitsidealen, der als «Querelle des Anciens et des Modernes» in die Annalen einging, was nur den überraschen kann, der nicht weiß, daß das ästhetische Denken eines Delacroix zum Beispiel unablässig um die in der «Querelle» aufgeworfenen Fragen kreiste. Ja, gerade Boileaus «Art poétique» bestätigte Stendhal die Richtigkeit des Plädoyers für geschichtlich-relativierende Kunstbetrachtung in der «Edinburgh Review» mit Versen, die er auswendig zitiert: *Studiert die Epochen, studiert die Sitten der Länder / Die Unterschiede der Charaktere sind oft dem Klima geschuldet.* Das schließt keineswegs aus, daß sich Beyle auch anderer Autoren wie Edmund Burke, Joshua Reynolds und – für die Relativität des *Idealschönen* – vor allem Richard Payne Knights bedient, doch ist allein vor diesem Hintergrund verständlich, daß er psychologisch-anempfindendes Sicheinfühlen in die Genialität des Kunstwerks, das sich jeder Norm entzieht, zu verbinden sucht mit den auf Material- und Regelkenntnissen fußenden ästhetischen Prinzipien seiner jakobinischen Ästhetik. In dieser Dialektik des Nachdenkens über Zeitgebundenheit, allgemeine Gesetze der ästhetischen Gestaltung und Streben nach (relativer) Idealschönheit, die zum Beispiel seine Analyse des Übergangs von Antiken-Imitation zu Natur-Gestaltung im «David» Michelangelos bestimmt, gelangt Beyle zu Einsichten, die der Kunstkonzeption unserer Zeit mit der bewußten Einbeziehung des produktiven Rezipienten und der abstrakten Malerei präludieren: *Die Kunst soll aufmerksam machen. Wenn der Betrachter aufmerksam ist und ein Autor in einer bestimmten Zeit drei Worte sagt, ein anderer aber zwanzig, dann ist der mit den drei Worten im Vorteil. Durch ihn wird der Betrachter zum Schöpfer (auch wenn der impotente Betrachter dies als Kälte empfindet). Viele Basreliefs der Antike waren Inschriften. Sobald ein Bild zum Zeichen wird, strebt es nicht mehr danach, sich der Wirklichkeit zu nähern, sondern es strebt nach Perfektion als Zeichen.*[88]

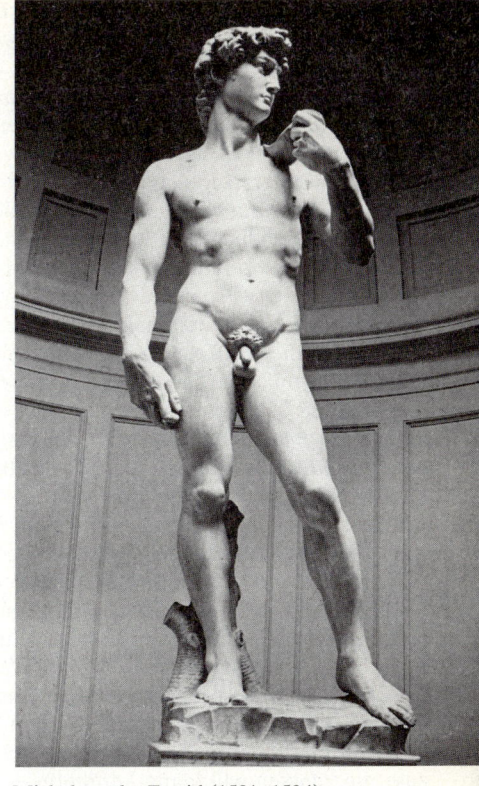

Michelangelo: David (1501–1504)

Ende 1817 erscheinen in Paris und London zwei leicht divergierende Ausgaben eines Textes mit dem Titel *Rome, Naples et Florence en 1817 (Rom, Neapel und Florenz 1817),* der zum erstenmal den Namen trägt, unter dem Henri Beyle berühmt werden sollte: Stendhal. Sein Nachdenken über die richtige Form eines italienischen Reisetagebuchs findet im dritten Anlauf eine Lösung: im März 1817 beginnt er die Überarbeitung der Reiseimpressionen von 1811, die zu einer völlig neuen Textgestalt führt. Dabei dient die Transponierung in das Jahr 1817 u. a. dazu, im Rückblick auf das Italien vor Waterloo deutlich zu machen, was aus einem napoleonischen Italien hätte werden können und was nach der Restauration aus diesem Italien geworden ist: ein Land, in das Lethargie eingezogen ist und das erneut auf Erweckung wartet: *Rom wird ohne Freiheit sterben,* notiert er am 27. März 1817, *L'aria cattiva breitet sich jedes Jahr weiter aus... Was die aria cattiva angeht: man braucht entweder die Freiheit oder einen erhabenen Menschen als Despoten.* Was für Beyles Zeitgenossen nicht schwer zu entziffern war: entweder die (Französische) Revolution oder Napoleon. Hatten die politischen Anmerkungen im *Tagebuch* bis dahin keinen wesentlich anderen Status als alle anderen Notizen zum unendlich vielfältigen Dasein, so strukturieren sie nun den Text, der sich schon im Vorwort als politischer zu erkennen gibt, und die Einführung eines Protagonisten, des Kavallerieoffiziers und Kunst- und Musikliebhabers de Stendhal, verleiht dem Text zudem eine romanhafte Dimension, die das Kaleidoskop der Beobachtungen über das Leben der Italiener, ihre Psyche, die Malerei und die Musik determiniert. Zwar lautet der erste Satz des Vorworts in der Londoner Ausgabe: *Man darf in diesem Werk nicht nach Kunst [des Schreibens] suchen: es ist eine Skizze, die die Natur allein diktiert hat,* richtig aber ist, daß dieser Text «mit viel Kunst» geschrieben ist und in ihm – notwendigerweise – die Spontaneität des Schreibens reduziert ist und das physisch determinierte geistige Ich, das zuvor das Maß der Dinge war, sich nicht mehr direkt artikuliert.

Die Kehrseite der endlich vollzogenen Exteriosierung des privaten Schreibaktes war, daß das *Tagebuch* in eine Krise geraten mußte bzw. dem Ich sein darstellerisch-anarchisches Medium entzogen war: 1817 beendet Stendhal – nach einem ersten kurzen Aufenthalt in London – die kontinuierliche Redaktion seines *Tagebuchs.* Was Italien für dieses Ich bedeutet hat, ist von Michel Crouzet in zahlreichen Untersuchungen brillant dargelegt worden. Wenn man es – der Not gehorchend – barbarisch verkürzt zusammenfassen will, dann könnte man sagen, daß Italien und speziell Mailand für Stendhal der Raum war, in dem sich der Drang nach sinnlichem Erfassen des Geistigen verdichtete, der Ort, an dem die Künste sich durchdrangen, der Ort, an dem die Liebe leidenschaftlich-spielerisch war, der Ort, an dem Henri Beyle definitiv aufhörte, der Bourgeois aus Grenoble zu sein und zu *Arrigo Beyle Milanese* wurde. Italien, das war die heitere Wollust, die trotz aller (bisweilen mörderischen) Leidenschaft mediterran transparent und maßvoll war und der – trotz Machiavelli und Alfieri – nur die philosophisch-ideologische Fundierung fehlte: eine aufgeklärte Verfassung. Um so verständlicher, daß Stendhal sich mit Begeisterung dem Kreis aufgeklärter Opponenten gegen die österreichische Restauration anschloß, zu dem ihm 1816 Lodovico di Breme (1781 bis 1820) Zugang verschafft hatte und der 1818/19 den von Silvio Pellico redigierten «Conciliatore» herausgab, eine liberal-patriotische Zeitschrift. Allerdings war sein Verhältnis zu verschiedenen Mitgliedern dieses von Madame de Staël inspirierten Kreises mit Hypotheken belastet, denn so sehr sie auch in aufklärerischer Überzeugung übereinstimmen mochten, bestanden doch zwischen ihrem antibonapartistischen Carbonarismus und Stendhals abstraktem Bonapartismus fundamentale Differenzen. Er verzichtete daher aus politischen Gründen sogar darauf, eine ganz erstaunliche Studie zur Frage der italienischen Sprachreform (gegen den Primat des Toskanischen) im Anschluß an Vincenzo Montis «Proposta di alcune correzioni ed aggiunte al Vocabolario della Crusca» (1818) zu veröffentlichen, die zum Besten gehört, was er auf wissenschaftlich-philosophischem Gebiet verfaßt hat. Die Frage freilich war, ob ihm seine (jakobinischen) Exkurse zu den «idéologues» von den Mailänder Freunden verziehen worden wären, über die er im

Matilde Dembowski

übrigen mit Vertretern der englischen, liberal-bonapartistischen Romantik wie John Cam Hobhouse (1786–1869) und Lord Byron zusammenkam.

Am 4. März 1818 wird Stendhal von seinem Freund Giuseppe Vismara (1786–1859), einem engagierten Liberalen, Matilde Viscontini (1790 bis 1825) vorgestellt, der Gattin des Generals Jan Dembowski, mit dem sie zwei Kinder hat, von dem sie aber getrennt lebt. Und an diesem Tag beginnt Stendhals wohl tiefste und tragischste Liebe. Wir wissen nicht genau, was sich ereignet hat, aber Matilde, die er «Métilde» nennt und in deren Salon er verkehrt, geht bald auf Distanz zu ihm, was gewiß auch an Stendhals Aufdringlichkeit lag (so folgte er ihr zum Beispiel «unauffällig» verkleidet und mit grüner Brille maskiert, als sie im Mai 1819 in Volterra ihre Söhne besuchte, und zieht sich – von Métilde umgehend erkannt – ihren Zorn zu). Vielleicht aber hatte ihr Verhalten auch politische Gründe: Métilde war «carbonara», und es könnte sein, daß sie Stendhal, der nicht in die politischen Aktivitäten in Italien hineingezogen werden woll-

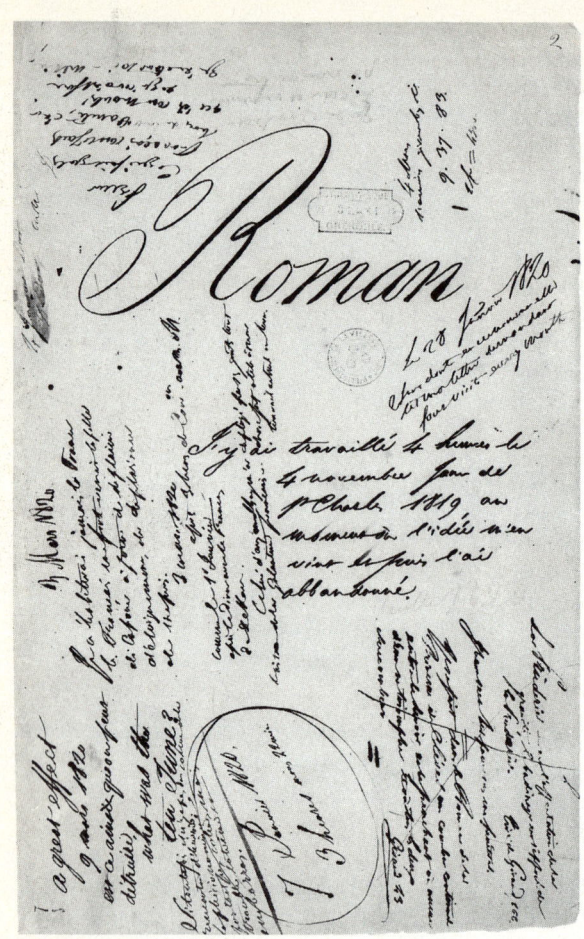

Titelseite
des «Roman de
Métilde»

te, diese Zurückhaltung nicht verziehen hat. Soweit wir wissen, war Stendhal zwar nicht direkt bedroht, von der Polizei wurde er aber als Verdächtiger überwacht, und als zu Beginn der zwanziger Jahre in Sizilien, Neapel, dann auch im Piemont Unruhen ausbrachen und die Lombardei konspirierte, wurde die Situation für ihn durchaus bedrohlich: am 7. Juni 1821 nimmt er – *für immer* – Abschied von Métilde und flieht nach Paris. Wenig später beginnen die ersten Verhaftungen von Mitgliedern aus dem «Conciliatore»-Kreis, und im Dezember wird auch Métilde als Schlüsselfigur verhört und vorübergehend unter Hausarrest gestellt. Was blieb, war Stendhals Porträt als Atheist, Revolutionär und Feind der Ordnung in den Polizeiakten. Und eine unerwiderte Liebe, die zu einem der schönsten Texte Stendhals Anlaß gab. Nachdem er am 4. November 1819 aus Verzweiflung einen *Roman de Métilde (Roman für Métilde)* begonnen hatte, den nur sie allein lesen sollte und den er nach wenigen Seiten wieder abbrach, notiert er am 29. Dezember, daß er an diesem *Day of genius* seine *first idea* eines Traktats über die vier Arten der Liebe *(1. die Liebe-Leidenschaft der «Portugiesischen Nonne» und der Heloise und Abaelard... 2. die Liebe-Laune, die in Paris um 1760 herrschte und die man in den Memoiren und Romanen der Epoche findet... 3. die physische Liebe ... [die] jeder kennt... 4. die Liebe-Eitelkeit... [eine Mätresse zu haben]...*[89] und über die Kristallisation hatte. Dieser Text, *De l'amour*, der 1822 erschien und völlig unbeachtet blieb, dessen erster Teil eine psychologische Analyse der Entwicklung von Liebesempfindungen in der Tradition der Ideensystematik der «idéologues» ist und dessen zweiter Teil eine nationenspezifische Typologie der Liebesmanifestationen enthält, stellt mit Sicherheit eine Sublimierung des in der Liebe zu Métilde empfundenen Schmerzes dar. Er ist darüber hinaus aber ein Zwiegespräch mit «der Frau» schlechthin, das mit einem Vergleich von Don Juan und Werther schließt, in dem Stendhal Werther den Vorzug gibt, *weil Don Juan die Liebe zu einer nebensächlichen Sache degradiert. Statt wie Werther Wirklichkeiten zu entwerfen, die seinen Wünschen entsprechend Form annehmen, werden seine Wünsche von der kalten Wirklichkeit zufriedengestellt...*[90]

Im Pariser Exil

Am 21. Juni 1821 ist Stendhal wieder da, wo er nie wieder leben wollte: in Paris. Gescheitert? Zumindest ist ein neuer Anfang zu machen in einer geistig-moralischen Krise, die von seiner prekären finanziellen Lage noch verschärft wird. 1819 war sein Vater gestorben und hatte ihm nur Schulden hinterlassen. Sein bescheidenes regelmäßiges Einkommen, das ihm in Mailand ein erträgliches Dasein ermöglicht hatte, reicht in Paris nicht aus. Wahrscheinlich ist darin auch der Hauptgrund für die intensive journalistische Arbeit zu erblicken, die er vor allem in den Jahren 1822 bis 1826 als Korrespondent für die englischen Zeitschriften «Paris Monthly Review», «New Monthly Magazine», «London Magazine» und (1828) für das «Athenaeum» entfaltet. 1824 wird er mit dem musikalischen und literarischen Feuilleton des «Journal de Paris» beauftragt, und sporadisch drucken auch andere Zeitschriften wie der «Mercure de France», die «Revue de Paris», «Le Temps» und «Le Globe» Texte Stendhals. Die journalistische Arbeit gestattet ihm ein Leben, wie er es 1810 bis 1812 geführt hatte. Er ist ständiger Gast in den Salons des Marquis Marie-Joseph de La Fayette (1757–1834) und des mit ihm verschwägerten Destutt de Tracy (1754–1836), dessen Gattin eine Bewunderin Stendhals ist, Salons, die – wie der von Madame Cabanis, geborene Charlotte-Félicie de Grouchy (1768–1844) – alle «Überlebende» von 1789 versammeln. Auch bei dem Maler François Gérard (1770–1837), dem Grafen Antoine d'Argout (1795–1874), dem Dramatiker Arsène Ancelot (1794–1854) und seiner Gattin Virginie (1792–1875), die Stendhal «Ancilla» nennt, dem David-Schüler und Kunstkritiker der «Débats» Etienne Delécluze (1781–1863), der Sängerin Giuditta Pasta (1797–1865) und dem Naturforscher Georges Cuvier (1769–1832) geht er ebenso ein und aus wie bei dem zwielichtigen Joseph Lingay (1791–1851), Polizeispitzel und regimekonformer Pressemensch, dem Stendhal die Chronik beim «Journal de Paris» verdankt. Stendhal, der – inzwischen fettleibig geworden – mit seinem bizarren Aussehen, seinem geistreich-bohemienhaften Auftreten und seinem Redetalent oft im Mittelpunkt der gesellschaftlichen Ereignisse steht, lernt nach und nach das (mit wenigen Ausnahmen liberale) «tout Paris» kennen: den republikanischen Liederdichter Pierre-Jean Béranger zum Beispiel, den er sehr schätzt, oder Eugène Delacroix, Charles Augustin Sainte-Beuve, Paul-Louis Courier, Philipp Albert Stapfer, André Marie Ampère, Claude Fauriel, Victor Cousin, Alphonse de Lamartine und Prosper Mérimée, mit dem er sich enger befreunden wird. Andere Freundschaften verbinden ihn in jener Zeit u. a. mit Adolphe de Mareste (1784–1867), einem hohen Polizeifunktionär italienischer Herkunft, den er bereits 1817 kennengelernt und der für Stendhal u. a. Verlagsverhandlungen geführt hatte, und Nicolas Lolot (1781–1845), einem Nagelfabrikanten aus der Provinz, der in Paris ein Bohemienleben führt: beide schleppen Stendhal auch schon mal ins Bordell, wie zum Beispiel im August 1821 in Paris, wo er zum großen Gelächter der Kumpane bei einer jungen Prostituierten namens Alexandrine «versagt», oder im Oktober 1821 in London, wo Stendhal zum erstenmal nach seinem großen Liebeskummer wieder einer Frau beiwohnt: der liebenswürdigen Miss Appleby, die Stendhal bittet, sie mit nach Paris zu nehmen. Zu seinen Vertrauten zählen ferner der neapolitanische Emigrant Domenico Fiore (1769 bis 1848), der Londoner Rechtsanwalt Sutton Sharpe (1797–1843) und der Forschungsreisende Victor Jacquemont (1801–1832).

Zu den vielen Mißverständnissen, die eine an griffigen Formulierungen interessierte Forschung verursacht hat, gehört Stendhals Einordnung in «die französische Romantik». Tatsächlich greift er 1823 in den Streit um die romantische Schule in Frankreich mit einem kleinen Traktat *Racine et Shakespeare* ein, in dem er für die Romantiker Partei zu nehmen scheint. Richtig freilich ist, daß er nur in einigen Äußerlichkeiten mit den Ansichten der Romantiker übereinstimmt, in Wahrheit aber in vielem den Klassikern nähersteht, in letzter Konsequenz aber weder den einen noch den anderen zugerechnet werden kann. So war die Mailänder Romantik, der sich Stendhal trotz aller Differenzen persönlich verbunden fühlte, republikanisch links, die romantische Bewegung in Frankreich aber antirepublikanisch rechts. Verschärft wurde diese politische Orientierung der französischen Romantik durch Madame de Staëls «De la littérature», das in Mailand die liberalen Kreise beflügelte, und vor allem «De l'Allemagne» (1813), das – antibonapartistisch – für eine romantische Erneuerung der französischen Literatur aus relativistisch-weltoffener Kunstkonzeption und aus christlichem Geist plädierte und in Frankreich somit die antirepublikanische Strömung inspirierte. Nach dem Sturz Napoleons begann denn auch die romantische Produktion der jungen Generation, der Victor Hugo, Alphonse de Lamartine und Alfred de Vigny in royalistisch-legitimistischem und katholischem Geist, wobei die Erneuerung der poetischen Sprache durch Sprengung der klassizistischen Vokabularschranken sowie die Erneuerung der Versifikation durch Verlagerung des Primats vom korrekten Reimen auf die Sprachmelodie und die Wiederbelebung des von seiner starren Struktur befreiten Alexandriners im Mittelpunkt standen. Natürlich hat Stendhal die Produktion dieser reaktionären Romantiker verabscheut, die sich seit 1821 in der Société des Bonnes-Lettres organisierten und zu denen neben Chateaubriand, Hugo, Nodier, Lamartine, Vigny und Charles-Julien Chênedollé auch Abel-François Villemain (1790–1870) gehörte, der in Stendhals Sympathiespektrum die Nachfolge Geoffroys antrat. Feindlich stand Stendhal sowieso den Ultrarechten in der Nachfolge Geoffroys gegenüber, die den alten klassizistischen Formenkanon gegen die rechten Romantiker verteidigten, wobei die Frage nach den drei Einheiten (des Ortes, der Zeit, der Handlung) im Drama noch immer im Mittelpunkt stand, ein Streit, der sich stets neu am Werk Shakespeares entzündete. Tatsächlich kam es noch 1822, als eine englische Truppe wagte, Shakespeare auf englisch im Theater an der Porte Saint-Martin aufzuführen, zu derart chauvinistischen Protesten, daß die Aufführungen unter weitgehendem Ausschluß der Öffentlichkeit stattfinden mußten. Die Lage wurde dadurch noch unübersichtlicher, daß die Pariser Liberalen, getrieben von Emotionen gegen die Heilige Allianz, sich an den Protesten und Ausschreitungen gegen die englische Truppe und das Theater Shakespeares beteiligten.

Die verworrene Situation aber scheint Stendhal eine günstige Gelegenheit zu bieten, seinen eigenen Ansichten Gehör zu verschaffen. Mit gespielter Naivität verteidigt er die Romantiker, indem er aus seiner eigenen jahrzehntelangen Auseinandersetzung mit Racine und Shakespeare einige elementare Ansichten, die auch von den Romantikern akzeptiert werden müssen, gegen die royalistischen Klassizisten mobilisiert, wobei die Forderung nach einer nationalen (historischen) Tragödie und die Zurückweisung der Forderung nach den drei Einheiten den größten Raum einnehmen und ihn u. a. zu Definitionen des romantischen Wesens führen, die über den Pragmatismus der «Edinburgh Review» nicht hinausreichen: *Der Romantizismus ist die Kunst,* so schreibt er, *den Völkern literarische Werke zu geben, die in der Lage sind, ihnen entsprechend dem aktuellen Stand ihrer Gewohnheiten und Glauben das größtmögliche Vergnügen zu verschaffen.*[91] Im Namen dieser Romantik, die wiederum Sophokles, Euripides, Corneille, Shakespeare, Pigault-Lebrun, aber auch Racine und – par excellence – Dante als Romantiker präsentiert, reitet er seine alten Attacken gegen Geoffroy und La Harpe, um sowohl die reaktionären Klassizisten als auch die bigott-autoritätshörigen französischen (und die mystischen deutschen) Romantiker zu treffen. Das Streben nach einer Erneuerung des Verses im Schauspiel wird als Nonsens zugunsten der Prosa abgetan, für die noch der später abgelehnte Walter Scott als Zeuge aufgerufen wird, der Alexandriner sei die Narrenkappe, *le cache-sottise,* mit der man die Leere des Gedankens zu verbergen suche, und als Beispiel für das, was die republikanische Erneuerung in der Literatur, von der Stendhal träumt, hätte leisten können, wenn ihr Repräsentant die

Die Aktdarstellung unter der Draperie in Jacques Louis Davids Studie für das Gemälde «La distribution des Aigles»

Terreur überlebt hätte, wird André Chénier aufgeboten. Chénier selbst hatte seine Dichtkunst mit Davids Revolutionsmalerei in eins gesetzt, und Stendhal seinerseits läßt keinen Zweifel daran, wie er sich ein «romantisches» französisches Theater vorstellt: *Die dramatische Dichtung ist in Frankreich heute an dem Punkt angelangt, an dem David die Malerei 1780 vorfand,* schreibt er zu Beginn des Essays. *Was ihm die Unsterblichkeit sichert: er stellte fest, daß der läppische Stil der alten französischen Schule [Lagrenée, Fragonard, Vanloo etc.] dem strengen Geschmack eines Volkes, das seinen Drang nach energischen Handlungen zu entfalten begann, nicht mehr entsprach. David lehrte die Malerei, nicht länger in den Fußstapfen der Lebrun und Mignard zu gehen, sondern Brutus und die Horatier zu zeigen.*[92]

Nur nebenher sei angemerkt, daß Stendhals Kunstkritiken genau diesem ästhetischen Wertekanon entsprachen. Zwar macht Stendhal auch

Eugène Delacroix: Das Massaker von Chios (1824)

im *Salon von 1824* den Nachahmern Davids den Prozeß, die dessen Kunst der Aktdarstellung unter der Draperie des Gewandes in Routine hätten erstarren lassen, aber seine Vorliebe gehört eindeutig den Künstlern, die wir heute der (streckenweise epigonalen) klassizistischen Richtung zuordnen würden, den Horace Vernet, Antoine-Jean Gros, François Gérard, Jean-Victor Schnetz, Pierre-Paul Prud'hon und Dominique Ingres (dessen großes zeichnerisches Talent er hervorhebt), den Antonio Canova und Bertel Thorvaldsen, während die avantgardistische Moderne wie Delacroix mit seinem «Massaker von Chios» auf Ablehnung stößt.

Die Flut der von ihm beanstandeten klassizistischen und romantischen Gemälde läßt ihn verzweifelt nach dem *Idealschönen* rufen, das vom «Apollo von Belvedere» und vom «Jupiter Mansuetus» (von Otricoli) verkörpert würde. *Racine et Shakespeare* jedenfalls blieb, wie angesichts seiner Positionen zwischen den Fronten nicht anders zu erwarten, in Frankreich so gut wie unbeachtet, doch am 24. April 1824 ergab sich eine neue Gelegenheit, seine Ideen einem breiteren Publikum bekanntzumachen.

Jupiter Mansuetus (von Otricoli). Römische Marmorkopie nach dem verlorengegangenen Original des Bryaxis

Louis-Simon Auger (1772–1829) hielt vor der Académie Française, die gerade das Wort «romantique» in ihr Wörterbuch aufgenommen hatte, eine Brandrede gegen die romantische Bewegung, in der er sich über die deutsche Romantik unter Einschluß von Goethe, über Lope de Vega, Shakespeare und Madame de Staël lustig machte und dem «romantisme gaulois» als «romantisme bâtard» jede Originalität, ja angesichts seines Verzichts auf neoklassizistische Regeln auch jede Existenzberechtigung absprach. Anfang 1825 antwortet Stendhal, der – betrachtet man es genauer – faktisch in vielem mit Auger übereinstimmt, mit dem in Form einer Korrespondenz zwischen einem Klassiker und einem Romantiker gehaltenen Pamphlet *Racine et Shakespeare N° II*, in dem er Auger, Villemain, die Académie Française, den akademischen Stil und die nationalistischen Vorurteile satirisch geschickt dem Gelächter preisgibt. Doch obwohl er sich als Verteidiger der Romantik ausgibt, ist die doppelte Stoßrichtung des ersten Traktats noch verschärft: Stendhal, der u. a. ausgiebig Goethe mit Äußerungen über die geschichtlich-gesellschaftliche Relativität von Geschmacksurteilen zitiert, stellt fest, daß es noch gar keine tatsächliche Romantik in Frankreich gäbe, macht sich über den «Han d'Islande» des *guten Mannes Hugo* oder den «Jean Sbogar» des *wabernden Nodier* lustig, polemisiert wieder gegen den Vers und erklärt, daß der nationalen Tragödie, die es zu schaf-

Der Apollo von Belvedere. Römische Marmorkopie nach dem verlorengegangenen Original des Leochares

fen gelte, vier Sorten von Feinden gegenüberstünden: die alten Klassizisten vom Stil der La Harpe und Geoffroy, die Mitglieder der Académie Française, die in der Société des Bonnes-Lettres organisierten Autoren und die Verfasser der epigonalen klassizistischen Stücke, die von den Theatern routinemäßig aufgeführt würden. Es gelte nun aber für *die Kinder der Französischen Revolution* zu schreiben, für *die Menschen, die mehr nach dem Gedanken suchen als nach der Schönheit der Worte, für die Leute, die... den Moskau-Feldzug mitgemacht haben...*[93] Kurz, die richtende Instanz ist Stendhal, der, wie er selbst sagt, *kühn* dekretiert: *die romantische Tragödie... das ist die Prosatragödie, die mehrere Monate dauert und an verschiedenen Orten spielt*[94].

Von seinem (fiktiven) klassizistischen Briefpartner gedrängt zu erklären, wie denn nun die *romantische Tragödie* auszusehen habe, gibt Stendhal – Ironie des Autors? unfreiwilliges Resultat aus den Zwängen der geschilderten Widersprüchlichkeiten? – die Beschreibung eines Napoleon-Stückes, *Die Rückkehr von der Insel Elba,* das verdiente, neben «Die Brüste des Teiresias» von Guillaume Apollinaire gestellt zu werden: *Natürlich muß der erste Akt..., der den Franzosen die erstaunlichste Handlung der Geschichte vor Augen führt, auf der Insel Elba am Tag der Einschiffung spielen. Man sieht den des Nichtstuns überdrüssigen Napoleon, der an Frankreich denkt... und ... mit einem Fernrohr eine weißgeflaggte Fregatte [beobachtet], die sich entfernt. Ein verkleideter Auditeur erscheint und bringt ihm die letzten Ausgaben der «Quotidienne». Ein Bote... sagt ihm, daß man ihn nach Sankt-Helena verbringen will, und sinkt erschöpft zu seinen Füßen. Napoleon... befiehlt den Aufbruch. Man sieht, wie sich die Grenadiere einschiffen. Man hört, wie auf der Brigg «L'Actif» gesungen wird. Ein Einwohner der Insel Elba staunt. Ein englischer Spion besäuft sich endgültig und rollt unter den Tisch, statt das Signal zu geben. Ein Mörder, der als Priester verkleidet auftritt, flucht und verdammt Gott, daß er die ausgesetzte Million nicht verdienen kann. Der zweite Akt muß in der Nähe von Grenoble spielen... Der dritte Akt spielt in Lyon: Napoleon vergißt schon wieder seine vernünftigen und volksnahen Ideen und spielt großer Adel... Im vierten Akt sieht man ihn mit seinen Brüdern, in weißen Satin gewandet, auf dem «Champ de Mars»... der fünfte Akt spielt in Waterloo... Das ist eine schöne Tragödie... Ich behaupte, daß ein derartiges Schauspiel bewegend ist... daß dies besser auf der Bühne als im Epos darzustellen ist und daß ein nicht durch La Harpe verblödeter Zuschauer keineswegs von den sieben Monaten und den fünftausend Meilen an Raum schockiert sein wird, die notwendig sind.*[95]

Ende 1823/Anfang 1824 erscheint Stendhals *Vie de Rossini (Das Leben Rossinis),* deren Vorwort gleich mit einer doppelten Standortbestimmung beginnt: nach Napoleon sei Gioacchino Rossini der einzige Mensch, von dem ganz Europa spräche, und der Verfasser des Buches schreibe, weil er seit dem Sturz Napoleons kein politisches Ziel mehr verfolge, als unakademischer Dilettant: *Das vorliegende Buch ist also kein Buch,* erklärt Stendhal in der Art einer Definition einer Nichtgattung: *Fetzen jener Briefe [die er als Reisender an seine Freunde schrieb], sofort transkribiert, das ist, was diese Broschüre ausmacht... Aber man sagt, daß Geschichte gefällt, wie auch immer sie geschrieben wird, und diese ist in der Zeitzeugenschaft der kleinen Ereignisse verfaßt worden... Ich bin dar-*

auf gefaßt, daß es dreißig oder vierzig Ungenauigkeiten in der unendlichen Zahl von kleinen Fakten gibt...Wie schwierig ist es doch, die Geschichte eines lebenden Menschen zu schreiben, gar noch eines Menschen wie Rossini...[96] Die Forschung hat denn auch nachgewiesen, daß diese Biographie Rossinis eine beeindruckende Zahl von Fehlern und erfundenen Anekdoten enthält, und festgestellt, sie sei vor allem eine subjektiv-parteiliche Polemik gegen das reaktionär-borniert, xenophobe französische Publikum sowie die französische und die deutsche Musik. Richtig ist aber auch, daß Stendhals Rossini-Text das grundlegende Werk der Rossini-Exegetik des 19. Jahrhunderts werden sollte und daß seine (vor allem aus der Zuhörerpsyche argumentierenden) Werkanalysen – bei aller Subjektivität des Urteils und aller von Stendhal (übertrieben) affichierten technischen Inkompetenz – respektabel sind und seine Urteile über die einzelnen Opern Rossinis von der Nachwelt weitgehend bestätigt wurden. Ausgehend von einer Wesensverschiedenheit deutscher und italienischer Musik, die er aus – zweifellos problematischen – Völkerpsychologismen ableitet und die sich vor allem im Stellenwert des Instrumentalsatzes in deutschen Kompositionen (als Ausdruck wortloser Träumerei) und im Primat des vokalisch-sprachlichen Ausdrucks von Liebesleidenschaft in der italienischen Musik manifestiere, gelangt Stendhal sowohl zu einer grundsätzlichen Hochschätzung des in bestimmtem Maße auf Spontaneität und Improvisation angewiesenen Belcanto der italienischen Schule als auch zu einem differenzierten Urteil über Rossinis Opern.[97] Während die «Italiana in Algeri» und der «Tancredi» Stendhal begeistern, im «Tancredi» aber schon das Maximum der Fusion von italienischer und deutscher Schule erreicht sei[98], ein prekäres Gleichgewicht, das nicht überschritten werden dürfe, wolle man nicht *in die komplizierte Harmonie abstürzen*, begänne Rossini von der «Elisabetta» an seine Musik zunehmend zu germanisieren: der «Othello» sei das *Meisterwerk im starken und deutschen Stil*[99] und der «Mosè» in der *Sprache* der Deutschen verfaßt und zu gelehrt, was die Oper langweilig mache.[100] Kurz: mit dem Spätwerk habe sich Rossini auf den Weg gemacht, Beethoven zu werden, was durchaus negativ gemeint war.[101]

Wichtiger freilich sind in bezug auf Stendhals Ästhetik selbst seine allgemeinen Gedanken zum Verhältnis Text und Musik. Für Stendhal ist das Gesamtpanorama des ästhetisch-intellektuellen Vergnügens von den Polen Mathematik und Musik bestimmt. Während die Mathematik ein abstrakt-gleichbleibendes Vergnügen bereite, sei das von der Musik ausgelöste und nicht nur geistig, sondern auch leiblich-physisch determinierte Lustempfinden trotz aller raschen Vergänglichkeit das intensivste. In der Musik, die nach Stendhal *nur dadurch auf die Menschen wirken kann, daß sie die Imagination dazu anhält, analoge Bilder zu den Leidenschaften, die von ihr ausgelöst werden, hervorzubringen*[102], sei *alles Unbestimmtheit und Imagination*[103], deren Entfaltung abhängig sei von der Disposition des

Hörers, den Umständen der Rezeption und von einer gewissen Ökonomie der Komposition. Was in der Literatur die von Stendhal verabscheute Rhetorik, ist ihm in der Musik die ausufernde Instrumentalmusik, die der Imagination in der Wechselbeziehung von Kunst und Emotionen enge Grenzen setze.[104] Das sei um so tragischer, als die Sprache der Musik gerade in der freien Entfaltung ihrer Spezifik Bereiche abdecke, die von den anderen Künsten nicht abgedeckt werden könnten: *ihr Reich beginnt dort, wo das Wort endet*[105]. Und zu diesem Reich gehöre die Macht der Musik, in uns versunkene Erinnerungen zu wecken: *wenn wir an etwas in unserer eigenen Existenz zurückdenken und dabei in gewisser Weise vom damaligen Gefühl bewegt sind,* schreibt er in einem Passus, der Marcel Prousts «Suche nach der verlorenen Zeit» mit der Sonate Vinteuils präludiert, *dann geschieht es uns, daß wir plötzlich das Abbild dieser Empfindung dieses Gefühls in einer uns bekannten Kantilene wiederentdecken... Es scheint mir, daß dann so etwas wie eine Prüfung der Ähnlichkeit zwischen dem, was der Gesang ausdrückt, und dem, was wir damals fühlten, stattfindet, die uns detailliert die kleinsten (und uns bis zu diesem Augenblick unbekannten) Nuancen unseres Gefühls erkennen und genießen läßt.*[106]

Großes Aufsehen erregte Stendhal wenig später mit einer Publikation aus der politischen Ökonomie. Bereits in Grenoble hatte er den utopischen Sozialisten Gabriel Bonnot de Mably (1709–1785) und Condillacs «Le commerce et le gouvernement» studiert, zu denen sich später die Werke eminenter Theoretiker wie Antoine Condorcet, Pierre-François Lancelin, Thomas Robert Malthus, Adam Smith, Jeremy Bentham, Jean-Baptiste Say, Anne Robert Turgot, Sébastien Vauban, David Ricardo und Jean Charles Sismonde de Sismondi gesellten. Er war also durchaus nicht uninformiert, als er im Dezember 1825 ein Pamphlet mit dem ironischen Titel *D'un nouveau complot contre les industriels (Von einem neuen Komplott gegen die Industriellen)* veröffentlichte, in dem er gegen Ideen Claude Saint-Simons (1760–1825) polemisierte. Am 1. Oktober 1825, kurz nach dessen Tod, war die Wochenschrift «Le Producteur» erschienen, in der Saint-Simons «industrialisme» vertreten wurde: nach Saint-Simon mußte die Überwindung der Klassendifferenzen von der «classe industrielle» ausgehen, worunter die Gesamtheit der produktiv Arbeitenden von den Bauern und Handwerkern bis zu den Industriellen und Bankiers verstanden wurde, eine Gesellschaftskonzeption, die ganz auf Arbeit und Nützlichkeit orientiert war. Die Distanzierung von revolutionären republikanischen Idealen und von Bonaparte, der im Programmentwurf der Zeitschrift das Wort geredet wurde, mußte bei Stendhal ebenso Widerspruch auslösen wie die versöhnlerische Idee eines aufgeklärten Zusammenwirkens aller Gesellschaftsschichten, dessen konkreten institutionellen Hintergrund die kompromißlerische, Restauration und bestimmte Errungenschaften der Revolution und des Empire verbindende Staatsverfassung, die «Charta» Ludwigs XVIII. aus dem Jahr 1814, abgeben sollte. Dazu kam, daß bei aller

Henry Monnier: Monsieur Fongeray. Karikatur auf Stendhal

rhetorischen Berücksichtigung des Gesamtspektrums der «classe industrielle» die Apologie der produktiven Klasse sich faktisch auf die Bankiers und die Großindustriellen zuspitzte, denen u. a. das Recht, über Qualität und Fortschritt der Industrie, der Wissenschaft und der Künste zu urteilen, zugesprochen wurde. Das mußte der jakobinische Grenobler Notabelnsohn, der seinen produktiven «Bastard» gehaßt hatte, wie eine Provokation empfinden, und so entwickelt er denn auch eine Theorie der gesellschaftlichen Nützlichkeit, die nicht als Nebenprodukt der Profitmacherei durch Industrielle oder Bankiers anfiele (denen Stendhal im übrigen Skrupellosigkeit beim Geschäftemachen – vor allem im Waffenhandel – vorwirft), sondern die aus der Interesselosigkeit des Handelns für die Allgemeinheit resultiere, der sich vor allem die «classe pensante», die Künstler und Intellektuellen (denen Stendhal das Recht auf produktiven Müßiggang einräumt), verpflichtet fühle, die aber auch in anderen Gesellschaftsschichten anzutreffen sei und erst eigentlich die Basis heroisch uneigennützigen, gesellschaftlich aber nützlichen Handelns abgäbe. Als Vertreter derartigen Handelns führt Stendhal u. a. Wilhelm Tell, Oliver Cromwell, Simón Bolívar, George Washington, Marie-Joseph de La Fayette, Lord Byron und ... Lazare Carnot an, den großen Militärstrategen der Französischen Revolution, der, von der Restauration ins Exil verbannt, 1823 verstorben war.

Keine andere Schrift Stendhals hat bei den Zeitgenossen soviel Aufsehen erregt wie dieses Pamphlet, das viele – meist negative – Rezensionen erhielt und dem in der Sache nur Benjamin Constant und – später – Sainte-Beuve zustimmten. Für das Verständnis Stendhals wichtiger freilich, daß ihn sein Jakobinismus über die Apologie des heroisch-uneigennützig handelnden Menschen zu einer Ablehnung der auf Profitstreben beruhenden bürgerlichen Gesellschaftsordnung führte, als deren mustergültige Verwirklichung damals die Vereinigten Staaten galten, und zu einer Bejahung des gesellschaftlichen Außenseiters, des von Profitstreben und Wohlstand noch nicht gelähmten und eingebundenen Individuums zwischen den Klassen, in dem er – in Erinnerung an den «guten Wilden» der Aufklärung – noch die natürlich-unverfälschten Anlagen zum heroischen Handeln entdeckte: des oppositionellen Intellektuellen und Künstlers, des jugendlichen Revoltierenden der niederen Volksklassen und der leidenschaftlich-energischen Frau. Für dieses rebellische Individuum sah er größere Möglichkeiten des Handelns in der repressiv-restaurativen europäischen Gesellschaft als in der befriedeten bürgerlichen Demokratie oder gar in Amerika, das ihm ein Alptraum von geldbesessener Langeweile war, ein Land ohne Seele, ohne Mythologie (bereits 1814 hatte er dafür plädiert, wenigstens Kopien des «Farnesischen Herkules» und des «Apollo von Belvedere» in allen Städten der Vereinigten Staaten aufzustellen[107]), ohne Esprit und ohne Erotik: am 21. Dezember 1837 notiert er aus Anlaß der Ermordung des gegen die Sklaverei engagierten Publizisten Eliah P. Lovejoy (1802–1837) aus Saint-Louis (Missouri): *Die Amerikaner haben die Liebe und die Freude getötet...*

Die Liebe erschüttert Stendhal in jenen Jahren des literarischen und politischen Journalismus wieder so tief, daß Métildes Schatten nicht mehr ganz so auf ihm lastet: ein Liebesschmerz löscht den anderen aus. Er hatte Clémentine Beugnot, Gattin des Generals, Barons und Pair de France Albert Philibert Curial, bereits 1814 kennengelernt, aber erst 1824

Der Farnesische Herkules. Mamorkopie des Glykon nach Lysipp

wird aus ihrer Freundschaft ein Liebesverhältnis. Eine Explosion der Leidenschaften. Clémentine (1788–1840), die er «Menti» nennt, hatte schon längst den Ruf, ihrem Gatten, der sie mehr oder weniger öffentlich betrog, mit gleicher Münze heimzuzahlen. Dennoch war die Liaison mit Stendhal aus gesellschaftlichen Gründen für sie so kompromittierend, daß ihr Verhältnis in ein bisweilen abenteuerliches Versteckspiel umschlug (im Juli 1824 ist Stendhal drei Tage im Keller des Landsitzes von Menti versteckt). Sexuelle Ekstasen, Eifersuchtsszenen. Die Leidenschaft dieser Frau muß groß gewesen sein: sie schrieb Stendhal 280 Briefe, die Romain Colomb aus falsch verstandener Pietät vernichten sollte und

Clémentine Curial

von denen uns nur Fragmente überliefert sind: «Ich möchte ganze Monate mit Dir verbringen, und daß ich mich Dir ganz hingeben könnte», schreibt sie in einem Brief unsicheren Datums, und am 4. Juli 1824: «Wie ich leide! Welcher Schmerz! und Sie sind es, Henri, der mir diesen Schmerz zufügt.» Oder am 10. August 1824: «Dein kleiner Brief von Sonnabend hat mich so erschaudern lassen wie Deine schöne Hand, wenn sie auf meiner alten Haut dahinfährt: Du solltest mich öfter erschaudern lassen.» Aber das Glück ist nicht ungetrübt. Menti macht Stendhal wegen seines Lebenswandels Vorwürfe. Sie fürchtet, von ihm mit einer venerischen Krankheit infiziert worden zu sein, dann ein Kind zu erwarten. Sie droht mit Selbstmord. Und dann ist da plötzlich ein Rivale. Stendhal flieht am 27. Juni 1826 nach England und begleitet seinen Freund, den Londoner Rechtsanwalt Sutton Sharpe in den Norden des Landes. Nach seiner Rückkehr am 18. September versucht er, die Verbindung wiederaufzunehmen. Vergeblich: die Liebe zu Menti läuft aus in Verzweiflung.

Aber 1826 ist nicht nur das Jahr der Leidenschaft und des großen Schmerzes: Stendhal bereitet die zweite Version von *Rome, Naples et Florence* vor, die 1827 erscheinen wird, und auch *Letellier* taucht mit dem Titel *La gloire et la bosse (Der Ruhm und der Buckel)* wieder auf, wird aber selbstverständlich nicht beendet. Dafür beendet er zum erstenmal einen Roman, was vielleicht nur dem Zufall, auf jeden Fall aber der Existenz eines anderen Textes zu danken war, den Stendhal – einmal mehr – einem Remake unterzog. Das macht eine Erklärung notwendig. Dem passionierten Leser von Geschichtswerken und Memoiren, dem philosophischen Analytiker menschlicher Leidenschaften ist das Erfinden von «Geschichten» immer lästig gewesen: in dem Ozean seiner Schriften findet sich denn auch kaum je eine Analyse von literarischen H a n d lungen, und seinem Zwang, derartige Handlungen für Dramen, Romane und Novellen zu entwerfen, stehen Unfähigkeit und Desinteresse, sie auch auszuführen, gegenüber. Zum Schreiben eines Romans aber benötigt man eine Handlung. Deshalb auch sein Bedürfnis nach Modellen, die er überarbeiten, die er neu schreiben kann, nach Konzepten, die er *pilotis* zu nennen pflegt, und nach vorgefertigten Handlungsgerüsten, die Ausgangsmaterial für die sprachlich-artistische Formung seines philosophisch-ästhetischen Denkens sein könnten. Je weniger an diesen Handlungsgerüsten von ihm stammt, desto größer die Aussicht, daß er den geplanten Text beenden wird: die eigenen Entwürfe versanden stets im Überdruß an der Handlungsplanung. Sein *Roman für Métilde* war eine solche Niederlage des Schreibens. Der Roman für Menti dagegen wird geschrieben werden.

1825 hatte Claire de Kersaint, Fürstin Duras (1778–1828), die bereits eine Reihe sentimentaler Texte veröffentlicht hatte, in vertrautem Kreis das Manuskript eines Romans mit dem Titel «Olivier» über die unglücklich-unmögliche Liebe eines impotenten Mannes vorgelesen. Im Januar 1826 erschien eine Adaptation dieses von ihr nicht veröffentlichten Textes aus der Feder von Henri de Latouche (1785–1851), Redakteur des «Mercure», Verfasser von Pastiches, Freund und Spießgeselle Stendhals. Wahrscheinlich war dies ein abgekarteter Streich: Stendhal jedenfalls bespricht Latouches «Olivier» im «New Monthly Magazine», als sei er von Madame de Duras, und beginnt am 31. Januar mit der Redaktion einer eigenen Version, die er in etwas mehr als einer Woche zu Papier bringt, dann aber zunächst liegenläßt und erst nach dem Bruch mit Menti überarbeitet. Am 18. August 1827 erscheint der Roman mit dem Titel *Armance, ou quelques scènes d'un salon de Paris en 1827 (Armance, oder einige Szenen aus einem Pariser Salon von 1827),* wobei der Schreibakt eine Eigendynamik entwickelt, die über jede eventuelle parodistische Absicht hinausführt. Die Interpreten haben mit Recht einen Bezug hergestellt zwischen Stendhals Überlegungen zur «Princesse de Clèves» und *Armance*: Stendhal preist den Verzicht auf das Alles-Sagen in der «Princesse», weil die Technik des Andeutens die Imagination des Lesers mehr stimuliere als die zeitgenössische Romanproduktion, die alles auspinsele. Er stellt sich selbst in diese literarische Tradition des 17. Jahrhunderts, treibt aber die Kunst der Andeutung so weit, daß die Kritik ihm vorwarf, unverständlich zu sein. Tatsächlich bedurfte es erst der Veröffentlichung eines Briefes von Stendhal an Mérimée vom 23. Dezember 1826, um das Verhalten des Protagonisten verständlich zu machen: Octave de Malivert, der Olivier der Vorlage, ist impotent, liebt aber seine Cousine Armance de Zohiloff, die er – trotz aller (psychologischen) Hindernisse – heiratet. Da er die Ehe nicht vollziehen kann, bricht er nach Griechenland auf und nimmt sich dort bei der Ankunft das Leben. Seine Mutter und Armance, der Octave durch Heirat und Freitod ein glückliches Leben sichern wollte, gehen ins Kloster: ein melodramatisches Ende, gewiß. Aber die Geschichte ist so nebensächlich wie der psychopathologische Aspekt der Impotenz. Worauf es Stendhal ankam, war die Konstruktion einer Situation, in der die vollkommene geistige, die höchste Form der Liebe garantiert war. *Armance* setzt in literarischer Formung um, was Stendhal in *De l'amour* unter der Rubrik «Werther» dargestellt hatte, und die Krudität, mit der er in seinem Brief an Mérimée von der sexuellen Problematik spricht, ist nichts als die dialektische Kehrseite der Sublimierung von Liebe, wie sie in *Armance* in unendlichen Variationen und Verzweigungen vorgestellt und analysiert wird.

Als *Armance* erscheint, ist Stendhal in Italien. Am 3. oder 4. August 1827 begegnet er Alessandro Manzoni in Genua, lernt in Florenz Giacomo Leopardi kennen und macht dort dem als Dichter geringgeschätzten Lamartine seine Aufwartung, eine Begegnung, die zu wechselseitigem Respekt führt. Er verbringt den Dezember in Venedig und kommt am 1. Januar 1828 nach Mailand, wird aber wegen seiner politischen Spitzen gegen die österreichische Regierung in *Rome, Naples et Florence* sofort von der Polizei ausgewiesen. Er kehrt nach Paris zurück und versucht sich zunächst einmal mehr – vergeblich – an einem Theaterstück, *Henri III*. Zu dieser Zeit lasten große finanzielle Sorgen auf ihm: seit dem 1. Juli 1828 ist seine Militärpension um die Hälfte reduziert, und sein Einkommen aus journalistischer Arbeit hat sich erheblich verringert. Er bemüht sich um eine Anstellung in den Archives Royales und in der Bibliothèque Royale. Vergeblich. Er denkt – einmal mehr – an Selbstmord und verfaßt eines seiner zahlreichen Testamente, was ihn alles aber keineswegs an der schriftstellerischen Arbeit hindert. Im Juli 1828 beginnt er sein bis dahin wohl bemerkenswertestes Werk: die *Promenades dans Rome (Flanieren in Rom),* eine Gebrauchsanweisung zur intellektuellen Eroberung der Stadt. Mit Romain Colomb trägt er das Material zusammen und montiert-redigiert einen Text, der am 5. September 1829 erscheint und den

Raffael: Hermes führt Psyche. Fresko in der Villa Farnesina, Rom

Crouzet mit einer glücklichen Formulierung «ein unordentliches Buch» genannt hat, «das einen Plan ankündigte, um ihn nicht zu befolgen, das einer Chronologie folgte, ohne ihr treu zu bleiben, ein Buch, das selbst eine ‹Promenade› war: dieses Mal verwirklichte Stendhal tatsächlich das Ideal der Schreib-Reise.»[108] Stendhal versteht, im bisweilen scheinbar ziellosen Flanieren in Rom und über die Versenkung in die städtebauliche, architektonische und bildnerische Schönheit der Stadt und Exkurse in die Geschichte nach und nach Roms gesamte sinnlich-kulturelle Dimension von der Antike über die Renaissance bis in die Gegenwart lebendig werden zu lassen: *9. August 1827... Endlich gelangten wir zur Farnesina. Dort befinden sich die vielleicht schönsten und gewiß leichtest verständlichen Fresken Raffaels: die Themen stammen aus der Geschichte von Psyche und Eros, die einst von La Fontaine ins Französische gebracht worden ist. Nach einer halben Stunde schweigenden Betrachtens erinnerten wir uns daran, daß wir gestern abend mehrmals das Leben Raffaels gestreift hatten... 12. September 1827. Wir lieben noch immer die Landschaft und den Wald von Ariccia. Dennoch sind wir heute morgen nach Rom aufgebrochen. Der Zufall hat uns in die «Stanzen» des Vatikan geführt... Raffael unternahm hier die Darstellung des «Streits um das Heilige Sakrament»... Alles ist mit dieser extremen Sorgfalt ausgeführt, die die Tölpel «trocken» nennen, die aber von vielen Menschen dem «Ungefähr» und dem Unbestimmten der modernen Malerei vorgezogen werden...*

Am 6. Februar 1829 stellt Delacroix Stendhal seine entfernte Cousine und Mätresse Alberthe de Boursault-Malherbe (1804–1873) vor, die von ihrem Mann Rubempré getrennt lebt und von Stendhal «Sanskrit» («Vollkommenheit») oder (weil sie in der Rue Bleue wohnt) «Madame Azur» genannt wird. Alberthe ist eine Alma Mahler der Epoche, emanzipiert, klug, schön: sie nimmt sich, aus der Ehe entlassen, die Männer, die ihr interessant erscheinen, und am 21. Juni 1829 ist Stendhal der Glückliche. Oder der Unglückliche: während die Pietragrua eine geistreiche Dirne gewesen sei, so wird er später schreiben, sei Alberthe eine Dirne ohne Geist gewesen. Was mit Sicherheit ungerecht ist und wohl vor allem darauf zurückgeführt werden muß, daß Stendhal sich leidenschaftlich verliebte und darunter litt, daß Alberthe sich nicht nur anderen hingab, sondern vor allem seinem Intimfreund Mareste den Vorzug gab. Einmal mehr verzweifelt, bricht Stendhal zu einer Reise

Selbstbildnis der Alberthe de Rubempré

durch Frankreich auf, macht auch einen Abstecher nach Barcelona und kehrt über Grenoble und Marseille nach Paris zurück, wo er geradezu fieberhaft Novellen zu Papier bringt.

Vielleicht ist die Redaktion von *Vanina Vanini,* veröffentlicht noch 1829 in der «Revue de Paris», das größte «Wunder» im literarischen Schaffen Stendhals: zwar ist auch diese erste Novelle, wie viele nachfolgende, eher ein «roman en miniature» als eine «novella» im engeren Sinn, dennoch kann man angesichts der üblichen «unförmig-chaotischen» Strukturierung der Stendhalschen Texte geradezu von Perfektion der Form sprechen. Das textbestimmende Element ist die sinnlich-heroische Liebe der Frau, was u. a. bewirkt, daß Handlungsbeschreibungen so gut wie inexistent sind und der Text auf weiten Strecken die Gestalt eines dramatischen Dialogs besitzt, wobei von besonderem Interesse ist, daß sich die Protagonistin Vanina Vanini erst einmal abgrundtief in eine Frau verliebt, hält sie doch den Mann, der ihr Geliebter werden wird, zunächst für ein Mädchen, und daß Vanina – nachdem sie das Gesetz des Handelns ergriffen hat – in Männerkleidung auftritt: ein Geschlechter-Rollentausch, der bezeichnend für das gesamte literarische Werk Stendhals ist. Wir begegnen ihm auch in der zweiten Novelle aus jener Zeit, *Mina de Vanghel,* die einer handschriftlichen Notiz Stendhals zufolge nach einem Text des dänischen Dichters Adam Gottlob Öhlenschläger (1779 bis 1850) verfaßt wurde. Welcher Text Öhlenschlägers auch immer mit hineingespielt haben mag, unübersehbar ist die Spur der «Wahlverwandtschaften»: die in der Liebe zur Botanik und im Schweigen verbrachten gemeinsamen Abende der Liebenden, die Bootsfahrten, das Überkreuzverhältnis, der Ehebruch, der keiner ist, usw. Mina de Vanghel, in die seine Erinnerung an Wilhelmine von Griesheim eingeht, ist zwar eine romantische deutsche Seele aus Königsberg, der Hauptstadt der deutschen Philosophie, Adeptin Fichtes und Kants, aber sie ermangelt – Symbiose deutscher und französischer Mentalität, wie Stendhal sie verstand – weder der Logik, noch der zielgerichteten Energie. Als Emigrantin in Paris sucht sie die vollkommene Liebe, meint sie beim verheirateten De Larçay zu finden, zerstört im Gegensatz zur «einfachen und lieblichen», aber passiven Ottilie der «Wahlverwandtschaften» dessen Ehe, indem sie Madame de Larçay einen Ehebruch anhängt, und nimmt sich De Larçay. Als dieser von ihr die Wahrheit erfährt und sie verläßt, erschießt sich Mina.

Wie vom Erzählfieber gepackt, schreibt Stendhal noch zwei «spanische» Novellen: *Le coffre et le revenant (Die Truhe und das Gespenst)* und *Le philtre (Der Liebestrank),* die Geschichte von der sexuellen Hörigkeit einer Frau, die bereit ist, für ihren (brutalen) Liebhaber kriminelle Handlungen zu begehen und so über die gesellschaftlichen Konventionen hinauszuwachsen. Beide Novellen erscheinen noch 1830 in der «Revue de Paris», zählen aber mit Sicherheit zu den schwächeren Arbeiten Stendhals, an denen besonders frappierend ist, mit welcher Gelassenheit er

Pierre Jean David d'Angers: Stendhal (Bronzemedaillon, 1829)

diese (wie andere) Texte gewaltsam abbricht, wenn die Analyse der seelischen Regungen nichts mehr herzugeben scheint: die Protagonistin der *Truhe* landet ebenso abrupt im Kloster wie die des *Liebestranks* – oder Armance. Im übrigen gibt Stendhal auf Rat Mérimées definitiv den Gedanken an eine Wiederaufnahme des *Letellier*-Dramas preis und denkt dafür ganz ernsthaft an Heirat. 1827 hatte er Giulia Rinieri de' Rocchi (1801–1881) kennengelernt, die in Paris bei einem Freund der verarmten Adelsfamilie, dem Diplomaten Berlinghieri lebt. Giulia liebt Stendhal, und sie offenbart sich ihm am 27. Januar 1830. Am 22. März wird sie – weil sie es will – seine Mätresse, und am Ende des Jahres bittet Stendhal bei Berlinghieri um ihre Hand. Sie wird Stendhal nicht heiraten, aber sie wird seine ausgeglichenste und längste Liebe sein, und mit Sicherheit gab sie ihm die nötige Seelenstärke, *Le Rouge et le Noir (Rot und Schwarz)* in den bewegten Zeiten zu beenden.

Giulia Rinieri de' Rocchi

Die Handlung bezieht er diesmal aus der Kriminal-Journalistik, der «Gazette des Tribunaux», was ihm die Redaktion seines Textes enorm erleichtert, zumal sie den Adel des Nicht-Fiktiven besitzt. Antoine Berthet, Sohn eines Schmieds in Brangues nahe Grenoble, wird von einem Priester gefördert und in das Priesterseminar aufgenommen. Auf Grund seiner schwachen Gesundheit wieder ausgeschieden, erhält der Zwanzigjährige die Stelle eines Hauslehrers in der Familie Michoud, nähert sich aber angeblich Madame Michoud «unziemlich» und wird entlassen. Da er sich von Madame Michoud verfolgt fühlt, schießt er während eines Gottesdienstes in Brangues auf sie. Er wird am 23. Februar 1828 hingerichtet. Von diesem Justizfall übernimmt Stendhal die Grundstruktur: Julien Sorel, jüngster Sohn eines Sägewerkbesitzers in Verrières, begeisterter

Napoleon-Anhänger und Leser des «Mémorial de Sainte-Hélène« und der «Confessions» Rousseaus, zum Priesterberuf bestimmt, wird vom reichen Nagelfabrikanten und Bürgermeister von Verrières Rênal als Lehrer seiner Kinder angestellt. Julien verführt, zunächst aus jugendlicher Angeberei, dann aber aus – im schweigenden Beisammensein, das Stendhal *Wahlverwandtschaften* nennt – erwachsener Zuneigung Madame de Rênal. Er muß auf Grund anonymer Denunziationen das Haus verlassen, geht nach Besançon ins Priesterseminar und von dort als Sekretär zum Marquis de La Mole nach Paris, wo er ein Verhältnis mit dessen Tochter Mathilde de la Mole eingeht. Als sie schwanger wird, erhält Julien durch den Marquis de La Mole den Titel Chevalier Sorel de La Vernaye und eine HusarenLieutenance. Die Hochzeit ist vorbereitet, als ein Brief von Madame de Rênal, verfaßt auf Anlaß ihres Beichtvaters, Julien als notorischen Heuchler und Betrüger denunziert, der sich in Familien einschleiche und Frauen verführe, um Karriere zu machen. Julien eilt unverzüglich nach Verrières und verwundet in der Kirche Madame de Rênal mit einer Pistole. Er wird zum Tode verurteilt und – zur Verzweiflung Mathilde de La Moles und Madame de Rênals, die die ihr abgepreßte Denunziation bereut – guillotiniert.

Natürlich hat die Exegetik in Julien Sorel Stendhal selbst gesehen, und mit gewissem Recht: die Kindheit in der Provinz, der ungeliebte, geizige Vater, die verbotene, heimliche Lektüre, dieselben Idole und Texte, die sexuellen Beziehungen zu Frauen, die eigentlich (als Gattinnen oder Töchter der Förderer und Beschützer) tabu sein müßten, die Schüchternheit des Protagonisten, das alles «paßt». Richtig ist auch, daß vieles, was er in den Salons von Paris beobachtet hatte, Aufnahme in *Rot und Schwarz* gefunden hat, aber man könnte diesen Übereinstimmungen zwischen Juliens fiktiver und Stendhals realer Vita entgegenhalten, daß die Lebenswege Juliens und Stendhals so erheblich differieren, daß sich das wechselseitige Aufrechnen als unproduktiv für das Verständnis des Textes erweist, der über die fiktive Gestaltung eines Zusammenpralls eines jungen Menschen außerhalb der üblichen sozialen Bindungen mit der französischen Gesellschaft der Restauration deren Perversion enthüllt. Das moralisch integre, energische Individuum kann in dieser Gesellschaft nur dann Erfolg haben, wenn es sich korrumpieren läßt, wobei die Heuchelei der kleinste gemeinsame Nenner ist. Zu authentischem Sein kann es in der offiziell gesitteten, in Wahrheit aber pervers-kriminellen Gesellschaft nur in der Revolte gelangen, in der Handlung, die nach offiziellen Moralkategorien als kriminell verurteilt würde. Juliens Attentat auf Madame de Rênal ist insofern tragisch, als es ein Wesen trifft, das gerade von der korrupten Gesellschaft mittels ihrer religiösen Agenten zu einer konformen Handlung genötigt worden ist, in Wahrheit aber (im Ehebruch mit Julien) den Mut zur Revolte gegen die bürgerliche (Un-)Moral gefunden hatte und nach der Katastrophe alle sozialen Rücksichtnahmen abstreifen wird. Die bürgerlich-restaurative Gesellschaft, die so fest gefügt scheint, wird – diesem Fiktiv-Experiment zufolge – von zwei Instanzen bedroht: dem nicht angepaßten, energischen und moralisch integren, der (Liebes-)Leidenschaft fähigen Individuum, dem plebejischen Außenseiter à la Julien Sorel, von dem es – Stendhal zufolge – einige Hunderttausend in Frankreich gibt, und der Frau.

Stendhal korrigiert die ersten Druckfahnen, als die Juli-Revolution ausbricht. Karl X. und die ihn stützenden reaktionären Kräfte glauben sich mächtig genug, trotz verschiedener Niederlagen bei der Wahl zur Deputiertenkammer einen Staatsstreich durchzuführen und die «Charta» außer Kraft zu setzen: am 25. Juli 1830 verfügen Erlasse die Auflösung der Kammer, ein neues Wahlgesetz, ein neues Steuergesetz zu Lasten der industriellen Bourgeoisie und die Abschaffung der Pressefreiheit. Am 27. Juli bricht der Aufstand aus, der rund 2000 Tote kostet und Karl X. zur Abdankung zwingt. Der Druck von *Rot und Schwarz* verzögert sich, weil die Drucker auf den Barrikaden kämpfen. Als der Text mit dem Untertitel *Chronique de 1830 (Chronik von 1830)* erscheint, wirkt er wie ein Psychogramm der revolutionären, in Julien verkörperten Kräfte und wie eine prophetische Analyse der historischen Entwicklung. Besprechungen in der «Revue de Paris», im «Correspondant», im «Globe», in der «Gazette de France», in «Les Débats», wo Jules Janin, und in «Le Temps», wo (wahrscheinlich) Musset das Wort ergreift, zeugen von der Aufmerksamkeit, die Stendhals Text erregte, den verschiedene Kritiker für das Manifest des Zynismus, die Verherrlichung des Häßlichen und Grausamen hielten. Im übrigen biß sich die Interpretation am Titel fest. Was war mit *Rot* gemeint? Das Blut? Der Republikanismus? Der revolutionäre Elan? Und mit *Schwarz*? Der Tod? Die Reaktion? Der Klerus? Die Debatte darüber ist bis heute sowenig beendet wie die Diskussion, wie r e a l i s t i s c h der Text (gewesen) sei. Natürlich ist unbestreitbar, daß Stendhals Beobachtungen der gesellschaftlichen Wirklichkeit bis in Details hinein von radikalem Verismus bestimmt sind, zumal er selbst in *Rot und Schwarz* über den Roman ausführt, daß dieser ein wertindifferenter, jeglicher Moralwertung entzogener *Spiegel* sei, *der sich auf der Landstraße bewege: Bisweilen spiegelt er für Ihre Augen das Blau des Himmels, bisweilen den Modder aus den Schlammlöchern der Straße.* Aber die bereits von Emile Faguet (1847–1916) erhobenen Beanstandungen der psychologischen Ungereimtheiten im Verhalten Juliens sind bis heute nicht ausgeräumt. Tatsächlich müßte man sich «realistisch» fragen, was denn so Schreckliches in dem Brief der Madame de Rênal gestanden haben könnte, daß der Marquis de La Mole Julien verstößt und dieser Madame de Rênal ermorden muß, denn als Zwanzigjähriger mit der dreißigjährigen Frau eines Industriellen und Bürgermeisters, Mutter mehrerer Kinder, zu schlafen, kann ja kaum als versuchte Usurpation sozialer Positionen betrachtet werden, zumal bei einem solchen Verhältnis eher an Verführung eines Jugendlichen gedacht werden müßte und zudem eine solche Affäre in der Pariser High-Society nicht der Rede wert gewesen sein dürfte. In Wahrheit freilich ist die Suche nach Handlungsrealismus à la Balzac in Stendhals literarischen Texten schlicht deplaziert: seine Konstruktion literarischer Gestalten beruht auf der kristallisierenden Anwendung psychologischer Analysen im Kontext der zeitgenössischen Geschehnisse und Beobachtungen, denen die Funktion von Montagematerial zukommt, und grundlegender ahistorisch-mythischer Strukturen.

Auf den anagrammatischen Charakter vieler Namen im Werk Stendhals hat die Forschung oft hingewiesen, und es ist ihr nicht entgangen, daß Juliens Familienname rückwärts gelesen *l'éros/Eros* ergibt. Julien ist aber auch eine halbe *sorel[la]*, eine halbe Schwester/Frau: sein *Teint war so weiß, seine Augen so sanft, daß der ein wenig romantische Verstand Madame de Rênals zuerst auf den Gedanken verfallen war, es könne sich um ein verkleidetes junges Mädchen handeln.*[109] Tatsächlich ergibt eine Lektüre des Textes, die die unter dem traditionellen realistischen Postulat unleugbaren Unwahrscheinlichkeiten nicht als Fehler, sondern als signifikante Strukturen versteht, auch einen zusätzlichen, den Text mitbestimmenden Sinnzusammenhang, vor dem die Frage nach der Plausibilität bzw. dem Realismus der psychologischen Regungen und der aus ihnen resultierenden Handlungen an Bedeutung verliert. Statt also zu bemängeln, daß Julien nach der Logik pragmatischen Handelns nicht hätte sterben müssen, hätte er sich nur richtig verteidigt, wie viele Kritiker ausgeführt haben, sollte akzeptiert werden, daß er offenkundig nach einer anderen Logik sterben m u ß, und diese ist – wie stets bei Stendhal – auf die Oberfläche des Textes geschrieben: *Ich empfinde für Dich das, was ich eigentlich nur für Gott empfinden dürfte,* sagt Madame de Rênal zu Julien[110], und Julien, der demonstrativ zerstückelt demonstrativ von Frauen in nächtlicher Prozession unter die Erde gebracht wird, ist eben nicht nur ein mädchenhafter junger Mann, sondern a u c h der Gott, der ein weibliches Gesicht hat und doch im Jähzorn töten kann, der andere Eros, Dionysos Zagreus, den Freimaurern und sozialutopischen Orphikern der Epoche wohlvertraut, der bleiche Kind-Gott, der, von den Mänaden zerrissen, im Herbst in die Erde gesenkt wird, um wiederaufzuerstehen als der ewig kommende Gott[111]: *[Juliens] Aufmerksamkeit wurde [im Gerichtssaal] bald von den zwölf oder fünfzehn hübschen Frauen in Anspruch genommen… die die drei Balkone über den Richtern und Geschworenen einnahmen. Als er sich zum Publikum umdrehte, sah er, daß die runde Tribüne, die das Amphitheater dominierte, von Frauen voll war… Julien war von extremer Blässe. Kaum saß er auf der Anklagebank, hörte man von allen Seiten: Gott! wie jung er ist… Das ist doch noch ein Kind… Mathilde folgte ihrem Geliebten bis zum Grab, das er sich gewählt hatte. Eine große Zahl Priester begleitete die Bahre, und im geschmückten Wagen hatte sie… auf ihren Knien das Haupt des Mannes, den sie so sehr geliebt hatte. Mitten in der Nacht auf der Spitze eines der hohen Berge des Jura angekommen, zelebrierten zwanzig Priester in dieser kleinen Höhle, die von einer unendlichen Zahl von Kerzen großartig erhellt war, die Totenmesse. Alle Einwohner der kleinen Bergdörfer, die der Konvoi durchquert hatte, waren ihm gefolgt, angelockt von dieser seltsamen Zeremonie. Mathilde erschien in ihrer Mitte in langem Trauerkleid... Allein... wollte sie mit ihren eigenen Händen das Haupt ihres Geliebten begraben.*[112]

Dies Ende ist, liest man es richtig und nicht als theatralisches Brimborium, eindeutig, auch wenn man daraus nicht den Schluß ziehen darf, daß *Rot und Schwarz* ein «mythologischer Roman» im Stil des 18. Jahrhunderts sei. Stendhal gibt vielmehr seinen fiktiven Sozialtypen innerhalb der historischen Koordinaten, in denen sie agieren, mythologische Qualitäten, die in *Rot und Schwarz* nicht auf Julien beschränkt bleiben. Madame de Rênal ist die Mutter par excellence, und Mathilde die Tochter: Persephone diese, Demeter jene, was auch den Schluß von *Rot und Schwarz* verständlich macht, denn während Mathilde, die Tochter, aus der Erde/der Höhle wiederaufersteht, kehrt Madame de Rênal/die Mutter zur Erde zurück: *Sie versuchte in keiner Weise, ihrem Leben ein Ende zu bereiten, aber drei Tage nach Julien starb sie, als sie ihre Kinder küßte.* Mit *Rot und Schwarz* hat Stendhal in der Tat auch im etymologischen Sinn der «tragodia», des Opferspiels für Dionysos, verwirklicht, was er in *Racine et Shakespeare* zur Maxime erhoben hatte: *die romantische Prosatragödie* zu schreiben.

Konsul in Civitavecchia

1830 dreht sich der politische Wind. Gestützt auf La Fayette, läßt sich Louis-Philippe, Herzog von Orléans, zum «Bürgerkönig» küren, der auf die reformierte «Charta» seinen Eid leistet. Stendhal bewirbt sich sofort um ein Amt im diplomatischen Dienst. Das war zumindest eine problematische Entscheidung, denn immerhin gehörte er inzwischen zu den Persönlichkeiten des öffentlichen Pariser Lebens. Bereits 1829 war er mit seinem Porträt als Bronze-Medaillon von Pierre Jean David d'Angers (1788–1856) in die Galerie der bedeutenden Zeitgenossen aufgenommen worden, figurierte in Büchern über das «Tout-Paris», und als inzwischen bekannter Autor hatte er feste Verbindung zum literarischen Milieu und erlebte Literaturweltgeschichte wie den Streit um Victor Hugos «Hernani» aus nächster Nähe. Zweifellos aber drängte es ihn, endlich über ein sicheres Einkommen zu verfügen, wozu wahrscheinlich noch die Hoffnung kam, auf einer solideren materiellen Basis die Ehe mit Giulia Rinieri eingehen zu können. Wie auch immer: am 25. September 1830 wird er – nicht zuletzt dank der Fürsprache Fiores – zum Konsul in Triest ernannt. Doch Stendhal, der bereits die Ausweisung aus Mailand verbucht hatte, wird das Exequatur verweigert. Nach vier Monaten deprimierenden Aufenthalts in Triest erhält er am 5. März 1831 die Ernennung zum Konsul in Civitavecchia, wo er ein bescheidenes Jahresgehalt von 10 000 Francs beziehen wird. Zwar hat er damit endlich ein festes Einkommen, zwar wird er sogar einige Freundschaften in Civitavecchia eingehen (vor allem mit dem Antiquitätenhändler Donato Bucci, der ihn mit archäologischer Forschung vertraut macht), insgesamt aber wird das Dasein in der Hafenstadt für ihn eher unerträglich werden. Gewiß, er entledigt sich seiner Geschäfte korrekt, aber wenn er in seiner Freizeit nicht schreibt, sich nicht an Ausgrabungen in Corneto (Tarquinia) beteiligt oder Wachteln jagt, flieht er nach Rom, wo er mit dem Genfer Maler Abraham Constantin (1785–1855) das Domizil teilt, in den Salons des Botschafters Louis Clair Graf von Sainte-Aulaire (1791–1874) sowie des Direktors der Villa Medici, Horace Vernet (1789–1863), verkehrt und sich mit einigen Familien aus der römischen Gesellschaft, den Cini, den Caetani und den Cia-

Antonio Aquaroni: Hafen und Zitadelle von Civitavecchia

batta anfreundet. Freilich, das intellektuelle Leben Roms ist bescheiden im Vergleich mit Paris, und Stendhal hat auf Grund seiner Sarkasmen in Rom keine besonders gute Presse. Es ist kein Zufall, daß sein engster Freund aus dem römischen Künstlermilieu – neben Constantin – der schwedische Bildhauer, Archäologe und Numismatiker Bengt Erland Fogelberg (1786–1854) ist, den er bereits am 14. Januar 1832 in einem Brief an Fiore seinen *intimen Freund* nennt, mit dem er *die gleiche wahnsinnige Leidenschaft für das Schöne* teile, und der einer antiken Büste, die Stendhal in der Nähe von Misena gefunden hatte, die verlorene Nase ersetzte.

Stendhal ist auf jeden Fall mehr in Rom, auf Reisen durch Italien oder in Paris als in Civitavecchia, was sein Intimfeind Lysimaque-Mercure Caftangioglou-Tavernier (1805–1858), den Stendhal selbst 1831 als Kanzleichef des Konsulats eingestellt hatte und der davon träumt, Stendhal als Konsul abzulösen, zu Denunziationen aller Art bei der Botschaft in Rom, beim Ministerium für Auswärtige Angelegenheiten, beim Heiligen Stuhl nutzt. Stendhals Position ist in der Tat prekär. Der Vatikan, der Stendhal nur widerstrebend als Konsul akzeptiert hat und ihn für einen «Propagandisten der Revolution» hält, läßt ihn auf Schritt und Tritt überwachen, und auf französischer Seite stößt Stendhal als unseriöser Literat, als Jakobiner, als Außenseiter im diplomatischen Dienst auf erhebliche Schwierigkeiten. Die Intrigen Lysimaques führen daher beinahe zum Erfolg. Am 5. Februar 1835 wird Stendhal ermahnt, in Civitavecchia zu residieren, wenn er nicht amtsenthoben werden wolle, und erst als Graf Louis-Mathieu Molé

(1781–1855) Chef des Auswärtigen wird, bessert sich Stendhals Situation, auch wenn das Leben in Civitavecchia dadurch nicht spannender wird. Er hat mit Schiffs- und Warenbewegungen, mit Zollproblemen, Statistiken und Buchhaltung zu tun, und als er im Frühjahr 1835 zum Ritter der Ehrenlegion ernannt wird, da ist dies – aller zur Schau gestellten Indifferenz zum Trotz – ein kleiner Lichtblick im Geschäftseinerlei seiner Existenz. Immerhin, die Freiheiten, die er zum Reisen hat oder sich nimmt, kompensieren vieles, und daß diese Reisen nicht immer traurig waren, wissen wir: während seines Paris-Urlaubs 1833 findet er dank Mérimée das Milieu der mehr oder weniger leichten Damen der Opernwelt wieder, und als er am 15. Dezember auf der Rückreise nach Italien auf dem Boot, das ihn die Rhône hinunterfährt, Alfred de Musset und George Sand trifft, da tanzt der Konsul von Civitavecchia den Verliebten einen obszönen Fandango vor, den Musset mit einer Zeichnung verewigen sollte, die durchaus die etwas tapsige Plumpheit wiedergibt, die den immer dicker werdenden Stendhal nach Auskunft der Zeitgenossen kennzeichnete. Im übrigen aber lebt er, von verschiedenen Krankheiten – vor allem der Gicht – und den brüsken Wetterumschwüngen des im Winter rüden römischen Klimas geplagt, eine Epoche seines Lebens, in der auch die großen Liebesleidenschaften verlöschen. Giulia, die ihn lange hat hoffen lassen, gibt ihm am 9. April 1833 die definitive Absage, und am 6. Februar 1835 weist ein Fräulein Vidau in Civitavecchia einen Heiratsantrag zurück, den ihr Stendhal wahrscheinlich in Torschlußpanik gemacht hat.

Trotz all dieser Widrigkeiten beginnt nun Stendhals pro-

Alfred de Musset: Der tanzende Stendhal (1833)

duktivste literarische Schaffensphase. Vom 28. bis 30. September 1831 verfaßt er *San Francesco a Ripa,* eine Geschichte, in der Stendhal französische Oberflächlichkeit des Empfindens auf zu mörderischem Handeln fähige römische Liebe prallen läßt, wobei selbstverständlich der die Grenzen des Konventionellen sprengende Part der Frau zukommt. Ein französischer Edelmann hat ein Verhältnis mit der schönen Campobasso, deren römische Heiterkeit er nach dem eigenen Maß als mondäne Tändelei mißversteht. Als er sie für eine andere römische Schöne mit banalen Versprechen über eine Fortsetzung ihrer Beziehung auf rational-freundschaftlicher Ebene verläßt, läßt sie ihn in der Kirche San Francesco a Ripa erst in effigie und nach Verlassen der Kirche de facto umbringen. Der bedeutendste Text der frühen Jahre in Civitavecchia sind aber ohne Zweifel die *Souvenirs d'égotisme (Die egotistischen Erinnerungen).* Wahrscheinlich führte ihn das unauthentische Leben eines aus Not akzeptierten Amtes, das mit Tausenden von Tentakeln nach ihm griff, zur Rückbesinnung auf sein eigenes Leben, und er läßt diese logischerweise da beginnen, wo er sein *Tagebuch* abgebrochen hatte: die *Souvenirs* umfassen die Zeit von der Katastrophe mit Métilde bis zur Katastrophe mit Madame Azur. Natürlich tut sich in einem solchen Schreibakt unvermeidlich die Frage nach der öffentlichen Bedeutung des Erinnerten und des Erinnernden auf. Stendhal vermacht das Manuskript testamentarisch Abraham Constantin mit der Auflage, es erst zehn Jahre nach seinem Tod einem Verleger zu übergeben, oder, falls kein Verleger Interesse zeige, einer Bibliothek, und er fügt hinzu: *B[envenuto] Cellini ist hundertfünfzig Jahre nach seinem Tod erschienen.*[113] Das war nicht einfach nur Ausdruck narzißtischer Einschätzung der eigenen Bedeutung, sondern Ausdruck eines ästhetischen Programms gegen die Zeit, das – bedenkt man es genau – größere Bescheidenheit ausdrückt als die üblichen Memoiren der Epoche: nicht auf Stilisierung, sondern auf die formal-inhaltliche Wahrheit des Dargestellten kam es Stendhal an, und nichts schien einen größeren Grad an Authentizität zu verbürgen als die Selbsterfahrung in allen, auch den vermeintlich trivialsten Bereichen des Daseins und ihre literarisch schonungslose Darstellung: *Der geringste Geruch (mit Ausnahme der schlechten) schwächt meinen Arm und mein linkes Bein und regt mich an, auf diese Seite zu fallen. «Aber derartige Details sind doch abscheulichster Egotismus!» Zweifellos, und was anderes ist wohl dieses Buch als abscheulicher Egotismus? Wozu aber pedantische Grazie ausbreiten wie ... Herr Villemain in einem Artikel über die Verhaftung von Herrn von Chateaubriand? Falls dieses Buch langweilig ist, dann wird es in zwei Jahren die Butter beim Krämer einwickeln. Falls es nicht langweilt, dann wird man sehen, daß der Egotismus ... eine Methode ist, das menschliche Empfinden darzustellen ...*[114] Tatsächlich sind die *Souvenirs* für den nicht hauptsächlich an Stendhals Vita Interessierten vor allem wegen seines Nachdenkens über den Schreibakt selbst faszinierend, wobei besonders eindrucksvoll ist, wie Stendhal seine ästhetischen Überzeugungen aus der frühesten Jugend bestätigt: *Die wichtigste [literarische] Qualität ist für mich ..., mit Boileau sagen zu können: «Und mein Vers, ob gut oder schlecht, hat immer etwas zu sagen.»* [115] Das was der Mode der Epoche entsprechend gut geschrieben zu sein scheint, fällt für ihn in den Kontext der gesellschaftlichen Konvention, Lüge, Heuchelei. Jede Stilisierung ist ihm in dieser Zeit, *in der der Geist der Poesie erloschen, dafür aber der des Verdachts* erweckt ist, Verrat an der Kunst: *Ich würde mit Sicherheit den Dummköpfen gefallen, wenn ich mir die Mühe machte, ... einige Passagen des vorliegenden Geschwätzes zu «arrangieren». ... Aber ich will vor allem wahr sein. Was wäre dies nicht schon für ein Wunder in diesem Jahrhundert der Komödie, in einer Gesellschaft, in der drei Viertel der Handelnden Scharlatane sind ...* [116]

Dennoch werden die am 20. Juni 1832 begonnenen *Souvenirs* am 4. Juli jäh abgebrochen, und der Grund dafür dürfte durchaus in der – wenn auch prinzipiell bejahten – Plan- und Formlosigkeit des allein von den Daten strukturierten Textes gelegen haben. Aber auch *Une position sociale (Eine gesellschaftliche Stellung)*, ein Text, den er am 19. September beginnt und mit dem er seine jüngste Italienerfahrung aufzuarbeiten sucht, bleibt unvollendet, wahrscheinlich weil die zeitsynchrone Darstellung des Lebens im römisch-vatikanischen (Botschafts-)Milieu trotz aller literarischen Verfremdung und Verschlüsselung schlicht zu heikel ist. Unverfänglich hingegen die Möglichkeit einer neuen literarischen Aktivität, die sich auftut, als Stendhal Anfang März 1833 in der Bibliothek der Caetani, Via delle Botteghe Oscure, Manuskripte mit römisch-italienischen Familiengeschichten aus dem späten Mittelalter und der Renaissance entdeckt und die Erlaubnis erhält, die Manuskripte zu kopieren. Er denkt sofort an Adaptationen und entwirft am 24. April bereits ein Vorwort für die noch zu schreibenden Texte, in dem er sein Desinteresse an ethnologisch motivierter Sittenforschung und -schilderung kundtut. Was ihn interessiere, sei die Darstellung der Menschen, die er kenne, und nicht die ferner Eingeborener, und wenn er italienische Geschichten aus Mittelalter und Renaissance vorstelle, dann weil aus ihnen noch die menschlichen Leidenschaften unverhüllt sprächen, die auch den modernen Menschen bewegen müßten, in Frankreich aber auf Grund der gesellschaftlichen Eitelkeit und der Konventionen abhanden gekommen und im übrigen auch in der literarischen Darstellung auf das Niveau der Delavigne und Villemain herabgewürdigt seien. Am 16. Mai entwirft er ein neues Vorwort, in dem er die Sprache der Manuskripte als die von Spontaneität, unbeholfener Rhetorik und dialektaler Vielfalt bestimmte Sprache des Volkes definiert, die Vitalität und Leidenschaft ausdrücke: *In Frankreich hat die Sprache von Paris die Sprache Montaignes getötet ...* [117]

Aber die Adaptation der italienischen Chroniken muß noch auf sich warten lassen: während seines Paris-Aufenthaltes Ende 1833 hatte ihm

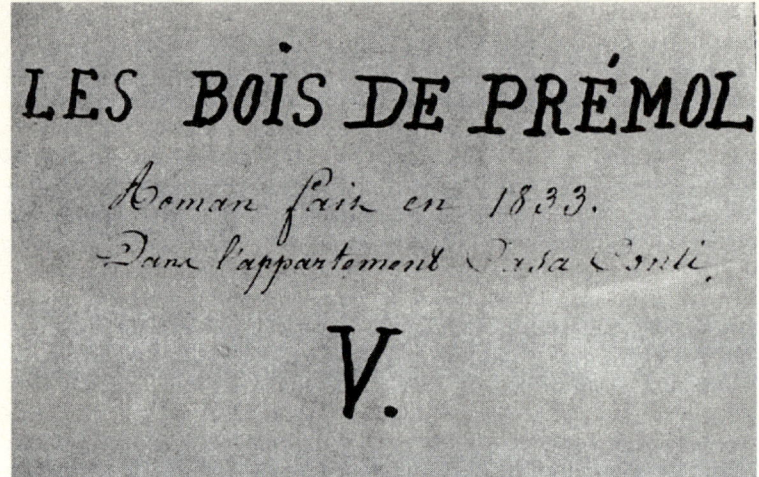

Manuskriptseite mit dem ursprünglichen Titel von Stendhals «Lucien Leuwen»

Marie-Jeanne-Julie Gaulthier, genannt «Jules», Gattin eines Grenobler Notars und Freundin der Schwester Pauline, ein Romanmanuskript mit der Bitte um Kritik übergeben. Stendhal schreibt ihr am 4. Mai 1834, daß er die Sprache *schrecklich edel und emphatisch* fände. Man merke im übrigen, daß sie nicht des Schreibens wegen schreibe, sondern um die Zeit totzuschlagen. Er selbst würde u. a. ein anderes Ende vorschlagen und als Titel *Leuwen, oder Der von der Ecole Polytechnique verjagte Schüler* empfehlen.[118] In der Nacht vom 8. zum 9. Mai entschließt er sich, den Roman selbst neu zu schreiben, für den er sich verschiedene Titel ausdenkt wie *Die Malteser Orange, Der Telegraph, Die Wälder von Prémol, Rot und Weiß* oder *Der grüne Jäger*. Eingehen wird er in die Literaturgeschichte mit dem Namen des Protagonisten *Lucien Leuwen*. Leuwen, Anfang Zwanzig, schüchterner Sohn eines liberal-aufgeklärten Bankiers, im Privaten Napoleonverehrer und Republikaner, der aus politischen Gründen 1832 von der Ecole Polytechnique verwiesen worden ist und nicht weiß, was er im Leben anfangen soll, wird als Unterleutnant in das 37. Ulanen-Regiment aufgenommen, das in Nancy stationiert ist. In dieser Stadt, deren provinzielle Borniertheit von Stendhal durchleuchtet wird, verliebt sich Lucien in die junge, schöne, reiche und verwitwete Bourbonen-Anhängerin Bathilde de Chasteller. Doch obschon sie – in aller Ehre – seine Gefühle erwidert, lassen Mißverständnisse und Intrigen diese Liebe scheitern. Lucien, der seinen Militärdienst mehr als ein Dandy in Uniform absolviert, kehrt verzweifelt nach Paris zurück und wird von seinem Vater als Referent für Bittschriften beim Innenminister untergebracht. Während er – auf Wunsch des Vaters und um seinem Ruf als saintsimonistischer Republikaner entgegenzuwirken – in der Pariser High-Society den Damen und vor allem einer Madame Grandet den Hof macht, muß er als Agent des Innenministeriums ebenso geheime wie schmutzige Aufträge ausführen. Der (obwohl Fragment geblieben) längste Romantext Stendhals endet nach dem Tod des Vaters mit dem Bankrott der väterlichen Bank und Luciens Aufnahme in den diplomatischen Dienst.

Natürlich hat die Stendhal-Exegese in *Lucien Leuwen* die Gestaltung biographisch-eigenen Erlebens des Autors diagnostiziert, und dies mit um so größerem Recht, als Stendhal selbst mitgeteilt hat, daß er das Modell für Lucien Leuwen und Matilde Dembowski das für Madame de Chasteller waren, ja, daß nahezu alle Gestalten des Romans Vorbilder in der von ihm erlebten Wirklichkeit besaßen. Freilich ist dies eher für den Stendhal-Insider interessant, für den Leser ist allein die literarische Qualität bedeutsam, und die Tatsache, daß *Lucien Leuwen* nie eine *Rot und Schwarz* oder der *Kartause von Parma* vergleichbare Rezeption erfahren hat, dürfte durchaus mit kompositorischen Schwächen des Textes zu tun haben, die wiederum auf Unzulänglichkeiten in der (verschollenen) Vorlage zurückzuführen sein könnten. Am 2. Februar 1835 notiert Stendhal: *Der Plan ist für mich eine Quälerei während der gesamten Abfassung des Romans gewesen. Im Gegensatz zu «Julien», wo der Plan vorgegeben war und wo ich keine Abweichung von der [historischen] Wahrheit zulassen wollte.*[119] Am 28. Juli konstatiert er, nichts Geistreiches in die Dialoge einfließen lassen zu können, weil er dauernd an die Handlung denken müsse: *Darin liegt der Vorteil, wie bei Julien Sorel mit einer fertigen Geschichte arbeiten zu können.*[120] Und am 5. September klagt er, daß ihn der Zwang, über die Handlung nachdenken zu müssen, daran hindere, gut zu schreiben.[121] Diesem Nachteil der mangelhaften Vorstrukturierung des Kunstwerks steht die experimentale Offenheit gegenüber, die Stendhal in der Nacht des 14. Oktober protokolliert: *Man geht niemals so weit, wie wenn man nicht weiß, wohin man geht. Dies ähnelt «Julien» nicht: um so besser.*[122] Tatsächlich erlaubt uns die Unabgeschlossenheit des Textes einen besonders guten Einblick in die Schreibweise Stendhals, denn wärend die Manuskripte von *Rot und Schwarz* und der *Kartause* verlorengingen, sind die von *Lucien Leuwen* einschließlich einer ersten Diktat-Überarbeitung erhalten. Wir können also seinen Kampf zwischen (jeweiliger neuer) Planung und Ausführung genau verfolgen und feststellen, daß die Geschwindigkeit des Schreibens für ihn eine auf Spontaneität/Authentizität zielende Qualität besitzt, daß und wie er abhängig ist von den äußeren Umständen des Schreibens, wie er mit dem Material (Modelle, *pilotis*, Handlungsplan-Fragmente, historische Fakten, Unterteilung, ja geradezu Rhythmisierung des Textes) umgeht und wie er dieses Material zu einem kompositorisch befriedigenden Ganzen zu formen sucht. Dabei ist außerordentlich aufschlußreich, daß der von ihm als mustergültig herangezogene Vergleichstext Henry Fieldings «Tom Jones» (1749) ist, in dem er eine Art Gipfelpunkt der Romantechnik erblickt, dessen Faszination aus der Vielfalt des Geschehens, der handelnden Personen und ihrer Gefühle resultiere: *Der große Unterschied zwischen Fielding und Dominique besteht darin,* schreibt er am 14. Dezember 1834, *daß Fielding gleichzeitig sowohl die Gefühle als auch die Handlungen m e h r e r e r Personen beschreibt, und Dominique die nur einer Person. Wohin führt die Darstellungsweise Dominiques? Ich weiß es nicht. Ist es größere Perfektion? Oder eine Rückkehr zur Kindheit der Kunst? Oder ein Absturz in die kalte Gattung der philosophischen Personengestaltung?* [123]

Gewiß, *Lucien Leuwen* ist kein «kalter» Philosophieroman, aber Stendhals Unbehagen gegenüber dem Text ist nicht unbegründet. Die Konstruktion des Protagonisten, irgendwo angesiedelt zwischen Werther, Chatterton und einem «Fremden» à la Camus, vermag auf psychologisch-realistischer Ebene nicht recht zu überzeugen und wird auch nicht mythologisch-märchenhaft aufgefangen: was zwingt den Millionärssohn Lucien Leuwen dazu, sich freiwillig nicht etwa nur der herrschenden gesellschaftlichen Heuchelei anzupassen, sondern geradezu freudig die übelsten Handlungen im Auftrag eines korrupten Systems zu übernehmen? Während im ersten Teil, der in Nancy handelt, die unablässig wiederholte Formulierung, Lucien müsse an sich halten, um bei seiner Mimikry nicht in Lachen auszubrechen, eine eher unbeholfene Rechtfertigung des unmoralischen Rollenspiels darstellt, fehlt im zweiten Teil, der kaum mit dem ersten verbunden ist, jegliche plausible Motivierung des Mitmachens im schäbigen politischen Machtpoker. Dennoch ist *Lucien Leuwen* ein faszinierender Text, auch wenn der (entwicklungslose) Protagonist über weite Strecken nur als mehr oder weniger freiwilliger Auslöser eines Spiels fungiert, das nicht das seine ist und in dem die Kommunikation, von der Zeichensprache über den Brief bis zum verschlüsselten Telegramm, eine entscheidende Rolle innehat. Der tatsächliche Protagonist ist denn auch die herrschende Schicht der Juli-Monarchie, ja, der Selbstlauf einer Gesellschaft, in der allein d a s   G e l d entscheidet und in der auch kein Ausblick auf eine demokratisch bessere Zukunft möglich scheint (das Modell Amerika bleibt nach wie vor die Horrorvision einer Diktatur des Mittelmaßes). *Lucien Leuwen* dient – vor allem im zweiten Teil – dazu, diese Gesellschaft literarisch in Bewegung zu setzen und im Mit-Spiel zu demaskieren: die Armee, die dazu mißbraucht wird, Arbeiterrevolten niederzuschlagen, die Justiz, die mit Agents provocateurs die republikanisch-plebejische Opposition ausschaltet, die Regierung, die Wahlen fälscht, kurz: die Gesellschaft, in deren Diensten sich der Konsul von Civitavecchia befindet, der seinen Text aus diesem Grund auch so dicht kodierte, wie kaum einen anderen aus seiner Feder. Denn es war ein gefährlicher Text, und nach der Niederschlagung der Arbeiterrevolten in Lyon und in Paris war eine eventuelle Publikation noch illusorischer geworden. Daß der Abbruch des Diktats dieses Romans, der wohl in einigen Passagen von allen Werken Stendhals am meisten Affinität mit der literarischen Richtung aufweist, der man das Etikett «Realismus» verliehen hat, am 23. September 1835 mit der Verabschiedung der «September-Gesetze» zusammenfiel, die die Verfolgung politischer Delikte vereinfachten (zu denen nun auch gehörte, sich «républicain» zu nennen), ist natürlich kein Zufall.

1834 denkt Stendhal an ein *Torquato Tasso*-Drama, doch am 21. November 1835 beginnt er mit der Abfassung des Textes, der wie kein anderer sein Streben nach spontanem, experimental-unbehindertem Schreiben mit dem Streben nach Strukturierung und Formgebung verbindet: die *Vie de Henry Brulard (Das Leben des Henry Brulard)*, das von der Exegese zu Unrecht aus der Rubrik der Romanproduktion eliminiert wurde. Stendhal, der am 6. Januar 1831 bereits vermerkt hatte, daß ihm von allen Arbeiten das Anfertigen von Biographien am meisten Freude bereitet habe, er aber *keine Geduld mehr* besäße, dafür *das Material* zusammenzutragen, weswegen er auf die Idee verfallen sei, *ein Leben zu schreiben, das er bis in Details sehr gut kenne,* nämlich das eigene, entscheidet sich, seine eigene Kindheit und Jugend als Material für einen Roman zu benutzen. Da diese Rekonstruktion der eigenen Vita, soll sie Anspruch auf Authentizität des Erlebten erheben, nicht durch zu rigide Formeinbindungen behindert werden darf, gleichzeitig aber – wie das Scheitern der *Souvenirs* lehrt – der Formung bedarf, wendet er sich der anarchischsten Variante der Romanproduktion als Modell zu. Er entwirft zunächst mehrere anscheinend abstruse «Pläne», in denen immer wieder das Vorbild des «Vikar von Wakefield», eines Familienromans von Oliver Goldsmith aus den Jahren 1760 bis 1762 evoziert wird: *Dies ist ein Roman in der Art des «Vikar von Wakefield». Der Held, Henry Brulard, schreibt nach dem Tod seiner Frau, der berühmten Charlotte Corday, mit zweiundfünfzig Jahren sein Leben.* In einer anderen Variante lesen wir: *Der Held dieses Romans endet als Priester,* und in einer dritten heißt es von diesem «Helden», er sei *ein Exaltierter ... der sich am Ende dem Kult der Hotels* hingebe.[124] Eine Art Familienroman wird der *Brulard* dann durchaus schon werden, auch wenn er am Ende nicht dem «Vikar von Wakefield», sondern einem anderen Organisationsprinzip folgen sollte, das Stendhal erlaubt, die Spontaneität des Schreibens der *Tagebücher* mit der artistischen Strukturierung zu verbinden. Die ersten zwei Kapitel des *Brulard* sind von den programmatischen Fragen *Wer bin ich gewesen? Wer bin ich?* bestimmt, auf die Stendhal mit einer Serie von Lebensbilanz-Entwürfen antwortet. Der erste fragt nach dem Bild, das er in den Augen der anderen abgegeben hat, leitet unverzüglich über zu seinem Verhältnis zu den Frauen und kommt zu dem Schluß, daß er selbst keine Antwort auf

Die Initialen der Geliebten Stendhals im Manuskript
von «La vie de Henry Brulard»

die Fragen wisse und vielleicht die Anfertigung einer Biographie Klarheit schaffen könne. Der zweite Entwurf resultiert aus der Frage, ob die Biographie in der ersten oder in der dritten Person geschrieben werden soll, und mündet in ein bürokratisch knappes Curriculum vitae, das in eine Fußnote verlegt wird. Der dritte wirft die Frage nach seinen schriftstellerischen Qualitäten und dem Status der eventuellen Biographie auf: wie kann man verhindern, daß Stendhal trotz Veröffentlichungsverbot zu Lebzeiten für ein Publikum und damit an der Wahrheit vorbeischreibt, und wie werden die Memoiren, sollten sie schonungslos wahr sein, 1880 aufgenommen werden? Der vierte ist ein Nachdenken über die mögliche militärische Laufbahn, die dem Zwang zu lesen und zu schreiben zum Opfer fiel. Der fünfte Entwurf umfaßt die Zeit vom Sturz Napoleons bis zum augenblicklichen Zeitpunkt des Schreibens und mündet in eine zweite Fassung eines Lebenslaufs, der bürokratische Kürze mit der Analyse der geistigen Entwicklung zu verbinden sucht. Der sechste definiert ihn als den, der Virginie Kubly, Angela Pietragrua, Adèle Rebuffel, Mélanie Guilbert, Wilhelmine von Griesheim, Alexandrine Daru, Angéline Bereyter, Matilde Dembowski, Clémentine Curial, Alberthe de Rubempré und Giulia Rinieri (unglücklich) geliebt hat. Der siebte bestimmt ihn über sein Verhältnis zum Geld, zur gesellschaftlichen Nützlichkeit und zum Berufsleben. Der achte sieht ein Curriculum vor, das – *wie eine Pflanzensammlung* –, nach wissenschaftlich-philosophischen Klassifikationskriterien angelegt sein soll, und der neunte Entwurf definiert ihn als gesellschaftlich-mondänes Wesen, dessen Erziehung in den Salons der Grenobler Bourgeoisie begann: *Nach soviel allgemeinen Überlegungen*, schließt er diese Serie von neun Inkubationen ab, *werde ich geboren werden*.[125]

Stendhal läßt keinen Zweifel, an welchem literarischen Modell er sich für die Strukturierung seines Textes orientiert, zumal er diesen Satz noch einmal wiederholt und dabei den Namen des Autors nennt: Laurence Sternes «The Life and Opinions of Tristram Shandy, Gentleman» (1759 bis 1766), eine «Autobiographie», die mit dem Koitus der Eltern beginnt, dem eine lange Schwangerschaft folgt, während derer Tristram Shandy als Fötus existiert, bevor er nach dem vierten Band geboren wird. *Meine erste Erinnerung ist,* schreibt Stendhal ganz shandyesk, *in die Wange oder Stirn von Madame Pison du Galland, meiner Cousine, Gattin des geistreichen Abgeordneten in der Verfassungsversammlung, gebissen zu haben.*[126] Wie Sterne wird sich Stendhal an die alltäglichsten Ereignisse im Leben jenes Wesens erinnern, das er «Henry Brulard» nennt, weil er aus dieser Erinnerung an die alltäglichen Ereignisse wie Shandy/Sterne grundlegende philosophisch-ästhetische Erörterungen ableiten wird, die sich mit Ausblicken auf andere Zeitstufen seines Lebens zu einem Romantext verbinden, dessen Handlungsstruktur von der Chronologie des faktisch Erlebten gebildet wird und in dessen Mittelpunkt, wie im «Tristram Shandy», ein feuerwerkartiges Nachdenken über den absoluten (mittels testamentarischer Bestimmung, die eine Veröffentlichung zu Lebzeiten untersagte), von jeder Rücksicht auf einen zeitgenössischen, existenten Leser freien Schreibakt steht. In Vorwegnahme der Überlegungen, die Michel Foucault 1971 in «L'ordre du discours» anstellt, befreit sich Stendhal mit dieser Schreibstrategie von den institutionellen Instanzen der Diskurskontrolle: die Tabus der Sexualität und des bürgerlichen Moralsystems fallen, und *der Wahnsinn*, die *folie* wird – wie Stendhal ausführt – zu *einer Möglichkeit der Wahrnehmung und des Daseins.*

Im Schreibakt selbst werden die Möglichkeiten und Grenzen des Denkens aufgedeckt und nach allen Seiten überschritten. Wo das diskursive Denken nicht mehr hinreicht, greift Stendhal zur Zeichnung und visualisiert die Erinnerung, die *nichts als Bild* ist, in der er *wiedererkennt* und manchmal auch zu tieferer Erkenntnis als damals, beim ersten Anblick, gelangt: *Beim Schreiben meines Lebens 1835 mache ich viele Entdeckungen ... die von zweierlei Art sind: erstens große Stücke vom Fresko auf einer Mauer, die – seit langer Zeit vergessen – plötzlich wieder erscheinen, und neben diesen guterhaltenen Stücken befinden sich ... große Flächen, auf denen man nur die Ziegelsteine der Mauer sieht. Der Putz ..., auf den das Fresko aufgetragen war, ist abgefallen, und das Fresko ist für alle Zeit verloren. Neben den Fresko-Teilen, die erhalten sind, steht kein Datum: ich muß jetzt, 1835, auf die Jagd nach den Daten gehen. Zum Glück ist ein Anachronismus ... unerheblich ... Zweitens: 1835 entdecke ich die Physiognomie und das Warum der Dinge.*[127] Diese zweite Stufe der Erinnerungsarbeit wird freilich nicht immer erreicht: *Ich kann [oft] die Physiognomie der Dinge nicht erkennen: ich habe nur meine Kindheitserinnerung. Ich sehe Bilder, ich erinnere mich an die Wirkung auf mein Gemüt, aber was die Gründe und die Physiognomie angeht: nichts. Das*

Silvestro Valeri: Stendhal als Konsul (1836)

ist ... wie die Fresken des [Camposanto] von Pisa, wo man noch genau einen Arm sieht, doch das Stück daneben, auf dem der Kopf abgebildet war, ist abgeplatzt. Ich sehe eine Serie g a n z p r ä z i s e r Bilder, aber ohne irgendeine andere Physiognomie als die, die sie für mich gehabt haben. Mehr noch: ich sehe die Physiognomie nur wegen der Erinnerung an die Wirkung, die sie auf mich ausgeübt hat.[128] In seiner Erinnerungsarbeit untersagt sich Stendhal auch jede spekulative Restaurierung der Bilder: *An dieser Stelle ist das Fresko abgeplatzt, und ich wäre ein platter Romanschreiber ..., wenn ich versuchte, es zu ersetzen* [129], und dies um so mehr, als die Sprache sehr oft ihren Dienst versagt, wenn es darum geht, das in der Vergangenheit Erlebte und Empfundene und in der Erinnerungsarbeit wieder Vergegenwärtigte zu artikulieren oder aufzuschreiben.[130]

Vor Verzweiflung über die Unmöglichkeit zum Beispiel, das erinnerte sinnlich-geistige Glück seiner Beziehung zur Pietragrua zur Sprache zu bringen, flüchtet sich Stendhal – wie der Neffe von Rameau in Diderots gleichnamiger Novelle – in Gestik und unzusammenhängende Wortfetzen, in den Schrei, der umschlägt in Schweigen: *Man kann den Teil des Himmels nahe der Sonne nicht klar erkennen ... Wie kann man davon einen vernünftigen Bericht geben? Von soviel Wahnsinn? Wo beginnen? Wie das auch nur ein wenig verständlich machen? Ich vergesse schon die Rechtschreibung, wie mir das bei großen Gemütsbewegungen passiert, und es handelt sich doch um Dinge, die bereits dreißig Jahre zurückliegen ... Wenn ich mich auf rationale Formen beschränke, dann tue ich dem, was ich erzählen will, Gewalt an ... Um Gottes willen, ich kann nicht fortfahren, das Thema übersteigt die Aussagemöglichkeit ... Meine Hand kann nicht mehr schreiben ... Ich bin wie ein Maler, der nicht mehr den Mut hat, eine Ecke seines Bildes auszumalen. Um den Mittelteil nicht zu verderben, skizziert er nur noch «a la meglio», was er nicht mehr malen kann ... Alles das sind Entdeckungen, die ich beim Schreiben mache. Da ich nicht weiß, wie ich es darstellen soll, analysiere ich, was ich damals empfunden habe ... Nichts kann den Wahnsinn aufhalten ... Ich schreibe dies (und ich habe immer alles so geschrieben), wie Rossini seine Musik schreibt: ich denke an das, was ich schreibe, wenn ich jeden Morgen das schreibe, was sich vor mir im «Libretto» befindet ... Man verdirbt derart zarte Empfindungen, wenn man sie im Detail erzählt.*[131]

Schreiben in Paris

Am 26. März 1836 bricht Stendhal die Arbeit am *Brulard* ab, der unter dem Gesichtspunkt des experimentalen Schreibens sein wahrscheinlich bedeutendster Text ist, ein Text, in dem er die Wirklichkeit zum Kunstwerk umgestaltet und Dimensionen des Schreibens aufdeckt, die als anthropologische Herausforderung an gattungsspezifische Literaturproduktion bis heute an Aktualität nichts eingebüßt haben. Hätte er ihn weiterschreiben können? Hätte dies einen Sinn gehabt? Wie auch immer: er selbst notiert, daß er an diesem Tag die Mitteilung erhielt, daß der Minister des Auswärtigen, Adolphe Thiers, ihm einen mehrmonatigen Urlaub in Paris bewilligte: *Die Imagination fliegt woandershin: diese Arbeit [am Brulard] wird unterbrochen.*[132] Am 24. Mai trifft Stendhal in Paris ein und wird dort, weil sein Gönner Louis-Mathieu Graf Molé (1781 bis 1855) am 6. September Thiers ersetzt und ihm eine zunächst unbefristete Verlängerung des Urlaubs bewilligt, bis zum 10. November 1839 bleiben. Er versucht erfolglos, die Beziehung mit Menti wieder aufzunehmen, holt sich bei «Jules» Gaulthier einen (liebenswürdigen) Korb, schreibt einige Zusätze und Vorworte für *Lucien Leuwen* und beginnt mit der Abfassung von *Mémoires sur Napoléon,* die – was den historiographischen Aspekt betrifft – weitgehend eine Adaptation von Thiers' «Histoire de la Révolution» (1824–1827), Emmanuel Las Cases' «Mémorial de Sainte Hélène» (1821–1823) und den «Mémoires» von Napoleon darstellen. Diese Arbeit wird bald wieder abgebrochen, woran u. a. ein vernichtender Brief Mérimées vom 12. Februar 1837 schuld sein könnte, der Einblick in das Projekt genommen hatte. Stendhal stürzt sich in die Redaktion eines Romans, dem er – nach einigem Zögern – den Titel *Le Rose et le Vert (Rosa und Grün)* geben will und der bis zu einem gewissen Grad eine Wiederaufnahme des Mina de Vanghel-Themas ist und u. a. einen interessanten Versuch enthält, die französischen und deutschen Nationalcharaktere miteinander zu vergleichen. Doch wie so viele Texte Stendhals wird auch dieser nicht zu Ende geführt. Mehr Erfolg hat ein anderes Unternehmen: am 25. Mai bricht Stendhal zu einer Reise durch Frankreich auf, die ihn über das Loire-Tal nach Mittelfrankreich und von dort nach

Le Havre und Rouen führt. Im Dezember 1837 gibt Stendhal bereits den ersten Teil seiner aus der Erinnerung und der neuen Erfahrung enstandenen *Mémoires d'un touriste (Erinnerungen eines Touristen)* in Druck (der Bericht über eine weitere Reise, die ihn über Südfrankreich und die Schweiz bis nach Deutschland und Belgien führt, wird erst 1927 erscheinen), die noch heute einen an Land und Stendhal interessierten Leser mit den vergleichenden Psychogrammen von Paris und Provinz, mit der Beschreibung der konkreten Reisebedingungen der Epoche, der Städte und Kunstdenkmale fesseln können. Vor allem aber mit Stendhals Exkursen in Kunst und Literatur, denen man zum Beispiel entnehmen kann, wie er die Lesekultur seiner Zeit bewertet: *Die Lektüre der jungen Leute von 1837 reicht kaum über die Memoiren der Madame Dubarry hinaus... «La peau de chagrin» von Balzac hat Furore gemacht. Sie finden alles kalt, was in einfachem Stil verfaßt ist, und der Modejargon ist für sie der Gipfel des Geistreichen... Man liest ernsthaft keine guten Bücher: Bayle, Montesquieu, Tocqueville etc. Man liest nur die modernen Albernheiten...*

In Paris macht sich Stendhal nun auch an die seit 1833 geplante Auswertung der italienischen Manuskripte. Im März 1838 veröffentlicht er *Vittoria Accoramboni,* eine Kriminalgeschichte um Gattenmord und Erbschleicherei vom Ende des 16. Jahrhunderts. Im Juli erscheint *Les Cenci,* die Geschichte der Beatrice Cenci, die 1599 zusammen mit ihrer Stiefmutter Lucrezia ihren blutschänderischen Vater Francesco ermordet, in der Stendhal im Anschluß an eine auf Molière, Mozart und Tirso de Molina fußende Analyse des Don Juan-Syndroms Francesco Cenci als einen von der gesellschaftlichen Komplizenschaft gedeckten Don Juan-Typ vorstellt, dessen skrupellos-krimineller Bereitschaft zum hedonistischen Handeln das Moralisch-Heroische in der ebenso energischen Tat der Tochter gegenübersteht. Im Kardinals- und Papstmilieu der Mitte des 16. Jahrhunderts spielt die aus zwei verschiedenen Chroniken montierte Schauergeschichte *La Duchesse de Palliano (Die Herzogin von Palliano),* in der es um Selbstjustiz und ihre Bestrafung geht und die Stendhal unter dem Namen F. de Langenevais am 15. August 1838 veröffentlicht. Unter demselben Namen erscheint am 1. Februar und am 1. März 1839 *L'Abbesse de Castro (Die Äbtissin von Castro),* die Geschichte der unglücklichen Liebe des Banditen und späteren Heerführers Branciforte und Helenas di Campireali, die sich aus Verzweiflung über den vermeintlichen Tod Brancifortes in das Kloster von Castro zurückzieht, sich dort aber aus Langeweile schwängern läßt, um dann – als sie erfährt, daß ihr Geliebter noch am Leben ist – Selbstmord zu begehen.

Unter den italienischen Manuskripten befand sich auch die Geschichte vom *Beginn der Größe der Familie Farnese,* die berichtet, daß Ranucio Farnese drei Kinder hatte: Pier Luigi, Giulia und Giovanna, genannt «la Vandozza», die Geliebte des Kardinals Roderigo Lenzuoli, der sich mit ihr zusammen um Alessandro, den Sohn Pier Luigis kümmerte. Alessan-

Giambattista Piranesi: Engelsbrücke, Engelsburg und Peterskirche aus den «Vedute di Roma» (1748)

dro führte ein liederliches Dandy-Leben, kam wegen der Entführung einer jungen Römerin in die Engelsburg, aus der er mit Hilfe eines Seiles floh, um bald darauf, protegiert von Lenzuoli und seiner Geliebten, mit 24 Jahren die Kardinalswürde zu erlangen. Alessandro lebte dann mit einer geheimnisvollen Cleria zusammen, mit der er mehrere Kinder hatte, wurde 1534 unter dem Namen Paul III. Papst und hinterließ seinen Erben u. a. das Herzogtum Parma. Am 16. August 1838 notiert Stendhal auf dem Manuskript: *To make of this sketch a romanzetto.* Hat er gleich mit der Arbeit begonnen oder unabhängig von ihr zunächst einmal, wie einige Forscher glauben, für die Töchter der befreundeten Gräfin Montijo, Maria-Francisca (1825–1860) und Maria-Eugenia (1826–1920), die Napoleon III. heiraten sollte, die Beschreibung der Schlacht von Waterloo verfaßt? Mit Sicherheit wissen wir nur, daß der Protagonist dieser Waterloo-Darstellung Alexander heißen sollte: *Kap[itel] der Marketenderin in Alexander w e l l gearbeitet,* schreibt er am 1. September, und am 8. November notiert er: *Ich korrigiere das genannte Water[loo-Kapitel] und ändere Alexander in Fabrice.* Wahrscheinlich hatte sich Stendhal bereits Anfang September zu dieser Änderung entschlossen, denn wie er später in einem Korrektur-Exemplar notiert: *The 3 sept. 1838, I had the idea of the Chartreuse. I begined after a tour in Brit[ain], I suppose, or to the Havre*. Mit anderen Worten: bereits in der ersten Version des Waterloo-Kapitels intendierte Stendhal eine Ineinssetzung der italienischen Renaissance und der Französischen Revolution, und vom 3. September an wußte er, daß er in dieser Ineinssetzung über das Ankedotische der Familiengeschichte der Farnese hinaus ins Allgemeinere, ins Monumentale gehen wollte.

Die französische Revolutionsarmee, die das unter der kirchlichen Repression stumpfsinnig gewordene Italien aufweckt und mit den Ideen der Aufklärung (u. a. evoziert in Diderots «Encyclopédie») und der revolutionären Ästhetik (u. a. repräsentiert durch die politischen Karikaturen des jungen Antoine-Jean Gros) vertraut macht, zieht – so die Geschichte der *Chartreuse de Parma (Die Kartause von Parma)* – am 15. Mai 1796 in Mailand ein, wo der Leutnant Robert in der Casa del Dongo einquartiert wird und neben der Marquise del Dongo deren dreizehnjährige Schwägerin Angelina kennenlernt. 1798 bringt die Marquise den Protagonisten Fabrice zur Welt, der – wie der Text suggeriert – Sohn des Leutnants ist und in seiner Kindheit – trotz des Unterrichts beim Landpfarrer Blanès und im Jesuiten-Kolleg – kaum Lesen und Schreiben lernt. Am 7. März 1815 sieht Fabrice den Adler über dem Comer See und erfährt, daß der von ihm verehrte Napoleon von Elba zurückgekommen ist. Er bricht über die Schweiz nach Frankreich auf, um dem Kaiser zu helfen. Am 18. und 19. Juni wohnt er der Schlacht bei Waterloo bei, setzt sich über Zonders nach Amiens ab, gelangt über die Schweiz wieder nach Grianta, flüchtet von dort – verfolgt als Anhänger Napoleons – nach Mailand und macht auf dem Weg dorthin die Bekanntschaft der jungen Clelia Conti. Seine inzwischen verwitwete Tante Angelina hat Graf Mosca, den Premierminister des Prinzen Ranuce IV. von Parma, kennengelernt und geht auf dessen Rat eine Scheinehe mit dem betagten Fürsten Sanseverina ein. Nachdem die Sanseverina sich in Parma niedergelassen hat, wo sie zum Mittelpunkt des Hofes wird, beginnt Fabrice

Antoine-Jean Gros: Bonaparte in Italien

ein Theologiestudium in Neapel, wird – protegiert vom Erzbischof Landriani – 1821 zum Groß-Vikar in Parma ernannt, hat dort eine Affäre mit der Schauspielerin Marietta Valserra und provoziert dadurch den Zorn ihres Liebhabers Giletti, den er im Zweikampf tötet. Er flieht mit Hilfe des Dieners Ludovico San-Micheli nach Bologna, lebt dort mit Marietta, verliebt sich aber in eine Sängerin, die Fausta F…, kehrt ihretwegen heimlich nach Parma zurück, geht erneut nach Florenz und Bologna und wird in Abwesenheit zu zwölf Jahren Festung verurteilt. Am 3. August 1822 wird er verhaftet und im Turm der Zitadelle von Parma eingekerkert, deren Gouverneur Clelia Contis Vater ist. Von seiner Zelle aus gelingt es ihm, mit Hilfe verschiedener, von ihm erfundener Kommunikationssysteme mit Clelia in Kontakt zu treten. Er offenbart ihr seine Liebe, sie warnt ihn vor Anschlägen auf sein Leben. Nach neun Monaten wird er von der Sanseverina mit Hilfe von Mosca, Ludovico und Ferrante Palla, einem carbonarischen Dichter, befreit und flieht nach Locarno, wo er mit Angelina lebt. Es gibt Aufstände in Parma, die von Mosca niedergeschlagen werden, aber Ranuce IV. wird auf Befehl der Sanseverina *zu Tode gebracht.* Sein Sohn Ranuce V. übernimmt die Regierung und bewegt die Sanseverina zur Rückkehr nach Parma. Fabrice begibt sich wieder in die Zitadelle, wo er nur knapp einem Anschlag entgeht, dafür aber Clelia erobert. Er wird freigesprochen und nimmt seine Stelle als Groß-Vikar wieder ein, während die Sanseverina, die ihn bei Ranuce V. mit der Zusage zum Beischlaf freigekauft hatte, Parma verläßt. Fabrice wird 1824 zum Unterprälaten ernannt. Clelia trennt sich von ihm und heiratet den Marquis Crescenzi. Die Sanseverina heiratet Graf Mosca, der demissioniert und mit ihr in Neapel residieren wird. Fabrice beginnt, in Parma zu predigen und rührt alle Herzen an. Auch das von Clelia, die eine seiner Predigten aufsucht. Es kommt zur Wiederaufnahme ihres Verhältnisses. Ein Sohn mit Namen [Ales]Sandrino wird 1827 geboren. Fabrice ist inzwischen Erzbischof von Parma und Mosca wieder Premierminister, als Sandrino 1829 stirbt. Wenige Monate später stirbt auch Clelia. Fabrice zieht sich in die Kartause von Parma zurück, wo auch er stirbt. Angelina stirbt ebenfalls, und zurück bleiben in einer befriedeten Stadt Parma Ranuce V. und Graf Mosca.

Soweit die Handlung dieses von der Exegetik als psychologisch-realistisches Meisterwerk gefeierten Textes, und tatsächlich ist die *Kartause* bereits auf der Ebene der einfachen Erzählung so gelungen und mit soviel anschaulichen Detailgemälden des gesellschaftlichen Lebens der Epoche und der historischen Ereignisse ausgestattet, daß das breite Publikum, aber auch die wissenschaftliche Exegetik mit der «realistischen Lektüre» des Textes völlig zufrieden gewesen sind. Dennoch ist dies nur e i n Aspekt des Textes, und die Exegetik machte es sich bequem und ging all den Beanstandungen am Unwahrscheinlichen, Unplausiblen, ja Unernst-Albernen des Textes aus dem Weg, die von durchaus bedeutenden Kritikern von Sainte-Beuve bis Claude Simon vorgetragen wurden. In

Die Kartause von Parma (1848)

der Tat enthält die *Kartause* eine regelrechte Sturzflut von Ungereimtheiten, die absolut nicht mit Logik, Wahrscheinlichkeit oder Wirklichkeitsnähe in Einklang gebracht werden können. So ist, um nur diese wenigen Fakten zu nennen, auf «realistischer Ebene» unerklärlich, wieso Fabrice als Fast-Analphabet und notorischer Nicht-Leser nach Waterloo kommt, nach dem Verlassen des Schlachtfeldes aber (Italienisch, Französisch, Lateinisch) lesen und schreiben kann. Es ist nicht zu verstehen, wieso die Marquise del Dongo irgendwo im Wald mit eigenen Händen Bäume pflanzt, die von Fabrice kultisch verehrt werden; wieso Fabrice um die Sängerin Fausta F… ein ebenso tödlich-gefährliches wie albernes Verkleidungsspiel aufführt, obwohl er mit ihr gar nichts richtig im Sinn hat; wieso Ranuce IV. auf Befehl der Sanseverina *zu Tode gebracht,* aber *nicht ermordet* werden soll und dann auch noch beim Exitus in ein Loch in der Erde fällt; wieso der Dichter Ferrante Palla ganz blödsinnig durch die Wälder hüpft usw., usf. Eine genaue Lektüre all dieser Dinge, die entweder von der kritischen Exegetik als kindische Spielereien denunziert oder aber von der hagiographischen übergangen worden sind, hat in den letzten Jahren ein anderes Verständnis der *Kartause* ermöglicht, das sie in vielem Goethes mythologischen Romanen wie dem *Wilhelm Meister* und den *Wahlverwandtschaften* annähert. In der *Kartause*, die eindeutig auch von freimaurerischer Symbolik durchdrungen ist (das Spielen mit der Drei-Zahl, das Entwerfen von Geheim-Alphabeten, ja, das Datum, an dem Fabrice in die Zitadelle von Parma eingeliefert wird, der 3. August: der Tag, an dem Henri Beyle in die Freimaurer-Loge aufgenommen wurde), verbindet Stendhal zwei Projekte, die er als junger Mann geplant hatte: die *Pharsalia*, die – wie er 36 Jahre zuvor gedacht hatte – das einzige große Werk seines Lebens werden sollte und in der er u. a. die mythologische Götterwelt der Antike in die Gegenwart versetzen wollte, und die Übersetzung der «Wahlverwandtschaften» ins Mediterran-Rationale, an die er 1823 in einem Brief an Albert Stapfer denkt. Hatte Goethe in seiner Vermessung der Liebe auf das chemische Prinzip der Wahlverwandtschaften zurückgegriffen, greift Stendhal in der *Kartause* auf ein anderes «wissenschaftliches» Prinzip zur Darstellung menschlichen Empfindens zurück, das er in Georges Cabanis' «Rapports du physique et du moral de l'homme» kennengelernt und im *Tagebuch* am 24. September 1813 exzerpiert hatte: die kommunizierenden Röhren. Als Fabrice del Dongo nach Frankreich aufbricht, holt er sich zunächst in der Schweiz einen Paß ab, der ihm eine Identität verleiht, die er nie wieder abgeben wird: *Vasi, Barometerhändler, der seine Ware bei sich trägt*. Fabrice-Vasi transportiert aber keine Barometer: die Ware ist in ihm. Er ist kommunizierende Röhren (italienisch «vasi») und damit immer bereit, in Kommunikation mit anderen Seelen zu treten: er wird immer wieder andere Identitäten annehmen, ja, Fabrice ist der, der immer ein anderer ist, und der sich mit Clelia in den zwei Türmen der Zitadelle (im Gleichgewicht der kommunizierenden Röhren) im Zustand des vollkommenen Gleichgewichts, des vollkommenen Glücks befindet.

Aber in allen seinen Metamorphosen bewahrt Fabrice doch Eigenschaften, die ihn von anderen Menschen unterscheiden, und die bemerkenswerteste besteht darin, ununterbrochen an jedem Ort und mit jeder Frau den Beischlaf vollziehen zu können. Und hier tut sich das Text-Spiel der *Kartause* auf (wahrscheinlich war es die Nachricht, daß Fogelberg in Rom endlich die Skulpturenfolge «Mars», «Venus» und vor allem «Amor und Psyche» fertiggestellt hatte, deren schwierige Genese Stendhal über Jahre hinweg aus nächster Nähe miterlitten und die ihm am 3. September 1838 die *idea* eingegeben hatte): der Mythos von Eros und Psyche ist eines der wesentlichen strukturierenden Elemente für die Chronik der Farnese, die Stendhal völlig umfunktioniert und in der alle Gestalten mythologische Qualitäten haben, die von den vermeintlichen Unwahrscheinlichkeiten und Verrücktheiten des Textes so klar abgelesen werden können wie die mythologische Identität des Spatzen zähmenden Fabrice. Ein Sonett, das in Parma kursiert, zeigt ihn, wie er mit *ausgebreiteten Schwingen* aus der Zitadelle fliegt, weil er – natürlich – Eros ist und seine Gelieb-

Bengt Erland Fogelberg:
Amor und Psyche (1838)

te Clelia Psyche. Sein leiblicher Vater, der Leutnant Robert, ist Hermes, Führer, Totenbegleiter, Dieb; seine Mutter, die Bäumepflanzerin, Demeter; seine Tante Angelina del Dongo Aphrodite (die nur eine Sehnsucht hat: mit Fabrice/Eros zu schlafen); der Landpfarrer Blanès Kronos, Ferrante Palla der Große Pan, kurz: in Vorwegnahme der Nietzscheschen Geschichtskonstruktionen läßt Stendhal in der *Kartause* die Mächte der Erde, des Chthonischen, des fruchtbaren Chaos, des Dionysischen, verkörpert von Ranuce I., II., III., IV., V., vom Gott, der in die Erde gesenkt wird und der wiederkommt, gegen die Mächte der Ordnung kämpfen:

Bronzino: Allegorie von Venus, Amor und Saturn (1545)

gegen Napoleon/Zeus, den Herrn des Adlers und des Weißen Pferdes, und gegen Mosca/Apollo, den lächelnden Bezwinger der Pest. Aber dieses mythologische Spiel ist weder Inszenierung von Gelehrsamkeit, noch Ersatz für fehlende psychologische Substanz der agierenden Gestalten: es ist die Offenlegung mythischer Qualitäten in der realen Welt, mit der Stendhal sein ästhetisch-philosophisches Credo formuliert, von dem her auch die Funktion der Waterloo-Szene verständlich wird. Ein junger Mann, der «gute Wilde» der Aufklärung, der weder lesen noch schreiben kann, der nichts ist als Offenheit zur Welt und kommunikative Disposition, bricht auf nach Waterloo und erhält, kurz vor dem Schlachtfeld, eine weitere Identität: die eines gefallenen Husaren namens Boulot, mit der er – analog zum «Telemachos» des Fénelon, den Stendhal auswendig kennt – *Bulomachos* wird: Wille zum Kampf. Über das Schlachtfeld, auf dem er von einer Marketenderin, der Priesterin der eleusinischen Mysterien, geleitet wird, reitet er auf vier Pferden, von denen ihn das eine in den Schlamm der Erde, das zweite ins Wasser, das dritte in die Luft und das vierte ins Feuer trägt, und während er über das Schlachtfeld reitet, sieht und erkennt er (wie bei Homer oder Fénelon) Demeter, die Erde, dreimal gepflügt von Triptolemos, dem Dreifachpflüger mit dem furchtbaren Schrei (den Kanonen der Alliierten), sieht und erkennt, wie das Leben, das Korn, aus Tod und Chaos erwächst. Kurz: Stendhal hat – in Erinnerung an die Schlachtbeschreibung von Salamis durch Herodot – in der Waterloo-Episode die eleusinisch-orphische Initiation des jungen Mannes gestaltet, der auf dem Schlachtfeld – im Schoß der Marketenderin – den Kampf der Geschlechter, der Naturgewalten erschaut, der lernt, das Buch der Welt zu lesen. Ja, mehr noch: in einer grandiosen Vision zeigt Stendhal das in wilder Flucht davonstiebende Heer Napoleons, den Untergang der Menschheitshoffnung, das Ende der Französischen Revolution. Und diesem flüchtenden Heer der Aufklärung stemmt sich nur einer entgegen: der *primitive*, zur geistig-seelischen Kommunikation und zum Kampf mit den wilden Mächten bereite junge Mensch, der den vorbeirei-

Szene aus den Napoleonischen Kriegen. Zeitgenössischer Kupferstich

tenden Kaiser, das oberste Prinzip, nicht sieht und begreift, daß da *Nichts* ist, daß man aber trotzdem für die immer wieder neue Ordnung im Chaos kämpfen muß. Fabrice/Vasi/Boulot, der junge Mensch, hält den fliehenden Truppen auf der Brücke über *Die Heilige* vor der *Herberge zum Weißen Pferd* den schriftlichen Befehl zum Widerstand entgegen, der nach dem von Stendhal so oft zitierten Philosophen aus Königsberg nur lauten kann: «Handle so, als ob die Maxime deines Handelns durch deinen Willen zum allgemeinen Naturgesetz werden sollte.»

Kein Zweifel, die *Kartause* ist der große epische Gesang von der möglichen Wiedergeburt der welterneuernden Kräfte nach dem Untergang der heroisch-revolutionären Utopie auf dem Schlachtfeld von Waterloo, aber dieser Gesang ist nicht naiv optimistisch. Zwar läutert sich der primitive Fabrice/Eros in der Begegnung mit Clelia/Psyche zum geistig-sinnlichen Wesen, zwar endet der Roman in einer befriedeten Gesellschaft, aber zusammen mit Clelia/Psyche stirbt Fabrice/Eros auch in dieser Welt, die sich nach Waterloo neu ordnet. In bürgerlicher Friedlichkeit wie die «brave new world», vor der Stendhal (wie Tocqueville) so große Angst hatte, weil in ihr Eros und Freude, «love» und «joy» sterben und Dionysos (Ranuce) und Apollo (Mosca) sich neutralisieren müssen. Dennoch ist die *Kartause* trotz dieser manifesten Skepsis vor der Zukunft die große Symbiose aller von Stendhal über Jahrzehnte hinweg bejahten Werte: der von jeglicher Kulpabilisierung freien Sexualität, des Willens zum (aufgeklärten) Handeln, des von gesellschaftlichen Etiketten nicht verstellten Empfindens, der ästhetischen Gestaltung des Lebens und der Freiheit des Volkes. In der Ineinssetzung der drei Zeitdimensionen (Antike, Renaissance, Aufklärung – Französische Revolution – Risorgimento) gestaltet Stendhal artistisch seinen Glauben an die Präsenz der unverdorbenen Naturkräfte in der (italienischen) Gesellschaft seiner Epoche, eine Gestaltung, die nur der unglaublichen Belesenheit und Gedächtniskraft Stendhals zu danken ist, die ihm die Mobilisierung dieses dichten, vor-strukturierenden Materials ermöglichte, in dem sich die italienische Chronik, Homer, Vergil, Ovid, Herodot, La Fontaine, Fénelon, Goethe mit den orphischen Mythen verbinden und ihm so erlaubten, die unendlich komplexe *Kartause* in der unglaublich kurzen Zeit von 52 Tagen zu Papier zu bringen.

Aber haben die Zeitgenossen diesen Text, der die Einlösung seiner jugendlichen Utopie der heiteren Jakobiner-Kunst darstellt, (so) verstanden? Es gibt in den «Misérables» (1845–1861) von Victor Hugo einen bemerkenswerten Kommentar über Erzählungen von der Schlacht von Waterloo, die «aus einer anderen Zeit zu stammen» scheinen: «Etwas, was dieser Vision ähnelte, war zweifellos in den alten orphischen Epen anzutreffen, in denen von den Kentauren die Rede ist, von den antiken Pferdemenschen, diesen Titanen mit menschlichem Antlitz und Pferdebrust, die bis zum Olymp anstürmten, schrecklich, unverletzlich, erha-

Dedreux-Dorcy: Stendhal (1839)

ben: Tiere und Götter.» Hugo, der Stendhal ablehnend gegenüberstand, setzt dieser mythologischen Vision eine andere, auf der Hoffnung auf positivistische Rationalität und Fortschritt gründende Sicht entgegen: worüber aber spricht er hier, wenn nicht über die Darstellung von Waterloo in der *Kartause*? Ob Balzac die *Kartause* mit gleichem Verständnis gelesen hat, mag bezweifelt werden, immerhin aber war seine Begeisterung groß. Im «Constitutionnel» vom 17. März 1839 war ein Vorabdruck des Waterloo-Kapitels erschienen. Balzac schreibt Stendhal Ende März, daß ihn dieser Text entzücke. Stendhal läßt ihm ein Exemplar zukommen. Balzac schreibt erneut am 5. April: «Die *Kartause* ist ein großes und schönes Buch. Ich sage Ihnen das ohne Schmeichelei, ohne Neid, denn ich wäre unfähig, es zu machen ... Ich mache ein Fresko, und sie haben Skulpturen gemacht ...» Aber davon überzeugt, daß Stendhal mit dem Prinzen von Parma Franz IV. von Modena meint, fügt er hinzu: «Sie haben einen großen Fehler begangen, indem sie Parma ausgewählt haben: man durfte weder den Staat noch die Stadt nennen, sondern man mußte es der Imagination überlassen, den Prinzen von Modena und seinen Minister oder wen auch immer zu erkennen. [E. T. A.] Hoffmann hat nie gegen dieses unerschütterliche Gesetz der Romankunst verstoßen ... Indem man alles unentschieden läßt, wird alles wirklich ...» Es gäbe Längen, fährt er fort, aber die tadele er nicht, denn diesmal sei Stendhal voll verständlich: «Ach, das ist schön wie das Italienische, und wenn Machiavelli heute einen Roman schreiben würde, so wäre dies die *Kartause*.»

Arrigo Beyle Milanese, oder die Begegnung mit dem Nichts

Stendhal versucht sich zu dieser Zeit bereits an weiteren italienischen Novellen wie *Suora Scolastica*, doch sie bleiben Fragment. So wie der Roman *Féder*, den er wahrscheinlich im Januar 1839 begonnen hat. Féder, Sohn eines Augsburger Kaufmanns, ist ein unbedeutender Miniaturenmaler, der sich darauf verlegt, mit Hilfe einer Mätresse und gesellschaftlicher Intrigen Karriere zu machen, was Stendhal Gelegenheit gibt, Geschäftemacher in Paris zu denunzieren. Die interessanteste Gestalt des Textes freilich ist Valentine Boisseaux, eine unbedarfte junge Provinzlerin, deren Porträt Féder malt, in die er sich nach und nach verliebt und die in der Liebe zu ihm zu geistiger Größe heranreift, wobei die literarische Erziehung, vor allem die Lektüre von Voltaire, Diderot, Marivaux, Rousseau, aber auch die der «Princesse de Clèves» eine entscheidende Rolle spielt. Doch Stendhal bricht den Text ab, vielleicht auch, weil er in Zeitnot gerät, denn nach dem Sturz seines Gönners Molé im März 1839 wird die Rückkehr nach Italien unvermeidbar. Am 26. Juni kehrt er nach Civitavecchia zurück, wo er an einem letzten großen Projekt arbeiten wird.

Er hatte sie am 13. April 1839 in Paris im Pferdebus gesehen. Wer sie war, wissen wir nicht. Er nannte sie «Amiel» und beschloß, sie zur Protagonistin eines neuen Textes zu machen. Am 16. Mai heißt Amiel bereits «L'Amiel», und am 18. Mai entwirft er einen «Plan» für seinen Text, der in Wahrheit ein Charakterentwurf seiner Protagonisten ist (einen tatsächlichen Handlungsplan hat er im übrigen nicht, was u. a. dazu beitragen dürfte, daß dies Projekt wieder einmal Fragment bleibt): Amiel/ L'Amiel, *groß, gut gewachsen, ein wenig mager, mit schönen Farben, sehr hübsch, gut gekleidet... ging zu schnell auf den Straßen, sprang über Bäche, hüpfte auf den Trottoirs.* Sie verhält sich «unmädchenhaft», «undamenhaft», weil sie *zu sehr an den Ort dachte..., an den sie gelangen wollte, und zuwenig an die Leute, die sie beobachteten: ihr unordentliches Leben verbrachte sie damit, schnell auf ein Ziel loszugehen, das sie unbedingt erreichen wollte, oder sich an einer Orgie zu erfreuen. Dann verwandte sie ihre hitzige Phantasie sogar darauf, die Orgie bis zu unglaublichen und*

Henry Lehmann: Stendhal (1841)

stets gefährlichen Exzessen zu treiben, denn für sie gab es keine Lust, wo keine Gefahr war, und das schützte sie im Lauf ihres Lebens auch vor wenn schon nicht krimineller, so doch verwerflicher Gesellschaft: sie machte den Seelen angst, die keinen Mut hatten.[133]

Amiel/L'Amiel ist ein ungewöhnlicher Entwurf eines Frauencharakters, aber er ist absolut in der Logik verschiedener Frauengestalten, die Stendhal bis dahin entworfen hatte: Mina de Vanghel, Vanina Vanini, die Campobasso, Mathilde de La Mole, Angelina del Dongo, all dies sind – von Stendhal eindeutig positiv bewertete – Frauen, die ohne Rücksicht auf die Normen des geschlechtsspezifischen Rollenverhaltens handeln und der männlichen Umwelt überlegen sind (ihnen allenfalls ebenbürtige Partner oder Gegner sind plebejische Elemente, Banditen, Carbonari, soziale Aufsteiger, «machiavellistisch» agierende Politiker oder geistliche Würdenträger). In Valentine Boisseaux aber kündigte sich bereits ein neuer Typus an, der die logische Weiterentwicklung der Stendhalschen Frauengestalten darstellt: Amiel/Lamiel, das weibliche Aufsteiger-Pendant zu Julien Sorel, das zur Freiheit gegenüber der Gesellschaft aus sinnlicher Leidenschaft und aus dem Studium großer Literatur aufsteigt und – wie alle anderen starken Heroinen Stendhals – «männliche» Qualitäten erwirbt, oder anders formuliert: zur Gleichheit der Geschlechter gelangt. Symbolisch daher auch der letzte Namenswechsel: aus Amiel/L'Amiel wird Lamiel, La mi-el[le], die Halbe-Sie, die der halben Sorel[la] korrespondiert. Lamiel ist ein vom Kirchendiener im normannischen Carville adoptiertes Waisenkind, das von seinen Adoptiveltern (vergeblich) zur Bigotterie erzogen und von der Dorfgemeinschaft als anders, als Hexe, als *fille du diable* zurückgestoßen wird. Sie langweilt sich – und haßt das Lesen, bis sie zufällig auf eine alte Rittergeschichte stößt, die in ihr – wie weiland in Alonso Quijano – die Lust am Lesen weckt. Sie liest Vergil wegen der Dido-Episode, verschlingt die Räubergeschichten von Mandrin und Cartouche, und als die Herzogin Miossens, die ultramontane Burgherrin des Ortes, sie um 1830 herum als Vorleserin einstellt, da muß sie zwar bürgerlich-sentimentale und erbauliche Literatur à la Madame de Genlis lesen, widmet sich aber schon bald heimlich den Romanen Voltaires, der «Correspondance littéraire, philosophique et critique» von Friedrich Melchior Grimm oder aber dem «Gil Blas de Santillane» von Alain René Lesage, einem Text, den Stendhal zeit seines Lebens immer wieder neu gelesen hatte. Mit Hilfe ihrer durch das Erlebnis der verschiedenen Milieus geschulten Fähigkeit zum Vergleich, vor allem aber dank der zynisch-philosophischen Lektionen à la Choderlos de Laclos, die sie vom hedonistisch-aufgeklärten Arzt Sansfin erhält, entwickelt sich Lamiel zu einer selbständig-lebensdurstigen, von Neugier und Tatendrang vorwärtsgetriebenen jungen Frau, die sich zum Beispiel – um zu wissen, was denn die *Liebe* eigentlich sei, von der die Gestalten um sie herum unentwegt erzählen – gegen Bezahlung von einem Bauernjungen namens Jean deflorieren läßt: *Was? sagte Lamiel erstaunt, die Liebe ist nur das: die sollte man in der Tat verbieten. Aber ich betrüge den armen Jean: um hier zu sein, hat er vielleicht auf eine vernünftige Beschäftigung woanders verzichtet. Sie rief ihn zurück und gab ihm weitere fünf Franken... Lamiel setzte sich und sah, wie er sich entfernte. (Sie wischte das Blut ab und dachte ein wenig an den Schmerz.) Dann brach sie in Lachen aus und wiederholte: Was, mehr ist diese berühmte Liebe nicht?*[134]

Vom üblichen fremdbestimmten Leben einer Frau aus ihrem sozialen Milieu entwickelt sich Lamiel zu einem geistig überlegenen Wesen, das die

Umwelt manipuliert und düpiert, wobei die verkommene Gesellschaftsmoral jeder Kritik an ihrem Verhalten die Rechtfertigung entzieht. Lamiel «entführt» den Sohn ihrer Wohltäterin, den schönen, aber willensschwachen Fédor de Miossens, läßt ihn dann voll Spott sitzen, begibt sich nach Paris, wo sie ein mondänes Halbwelt-Leben führt und schließlich die Geliebte des Kriminellen Valbaire wird, den Stendhal nach Pierre-François Lacenaires (1800–1836) Vorbild konzipiert hat und der, als Mörder verurteilt, durch Selbstmord enden sollte. Lamiel, so sah ein Zwischenentwurf vom 25. November 1839 vor, hätte ihrem Leben in dem aus Rache in Brand gesteckten Justizpalast ein Ende setzen sollen. Aber wäre der Text wirklich so ausgegangen? Müßige Spekulation, denn welches sinnvolle Ende hätte dies Experiment vom utopischen Aufstieg einer emanzipierten Frau nehmen sollen? Es entspricht durchaus einer inneren Logik, wenn Stendhal am 8. März 1841 darüber nachdenkt, wie er aus dem Individualroman *Lamiel* einen Kollektivroman über *Franzosen des [Louis] Philippe* machen könne. Und genauso logisch ist, daß die Protagonistin dieses Hymnus auf die zum bedingungslosen Kampf für die Freiheit entschlossene Frau (die in dem von André Breton inspirierten surrealistischen Kartenspiel unter die großen mythischen Frauengestalten aufgenommen wurde) nicht zuletzt dank der begeisterten Besprechung durch Simone de Beauvoir zu einer Art Symbolgestalt der engagierten Frauenbewegung geworden ist.

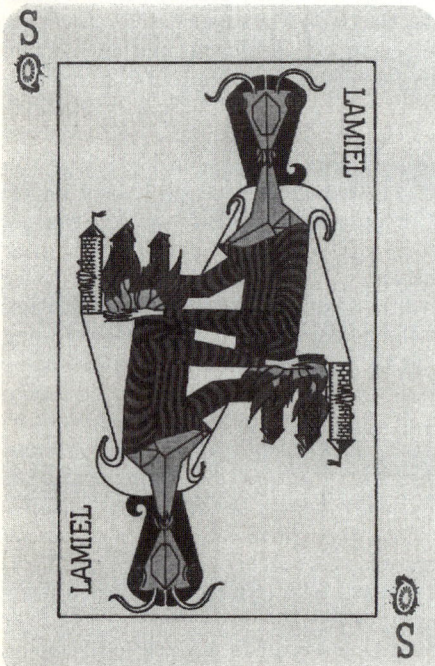

«Lamiel», Karte aus dem surrealistischen Tarock «Le Jeu de Marseille» von André Breton, Max Ernst, Wifredo Lam, André Masson u.a. (1940/41)

Ende Februar 1840 verliebte sich Stendhal zum letztenmal. In *Earline*, die kleine Gräfin, wahrscheinlich Giulia Cini, die Geliebte seines Freundes Filippo Caetani. Aber genau wissen wir dies nicht. Ein Kind zumindest, *little*, ist mit im Spiel. Am 1. März beginnt er die Redaktion eines Tagebuchs. *Guerre Earline (Kampf um Earline),* nennt er es und fügt hinzu *(Roman de) (Roman vom).* Was in diesem Tagebuch notiert wird, ist Melancholie, Hoffnung, und immer wieder nichts: *Nothing: After mehreren Tagen sehr deutlicher Blicke und der Ekstase des Maskentages, schräg auf den Sessel geflüchtet near the Bett of the little. Nothing, oder zumindest nahezu nothing the last day of the carnaval at Val[le] before going at Far[nese]. This day (last of the c[arnaval]), kleiner Ausbruch in stille Tränen, der die Augen at the Ankunft of D[omini]que zwinkern läßt. Dann, Mittwoch: nothing at all.*[135]

Am 15. März wird auf der Ausstellung an der Porta del Popolo neben einem Porträt Fogelbergs auch das Porträt ausgestellt, das Olof Johan Södermark von Stendhal gemalt hat. Vierzehn Tage später entwirft er seinen letzten Plan für einen – streckenweise krud erotischen – Roman, *Don Pardo,* der einen Aufsteiger-Protagonisten aus niedrigem sozialem Milieu in Civitavecchia vorstellen sollte. Am 10. April verfaßt er *Les Privilèges (Die Privilegien),* in denen aufgezählt wird, was alles ein Wunderring am Finger bewirken müßte: Frauen in seinen Besitzer verliebt machen, schöne Haare, Zähne, Haut, viermal im Jahr das Aussehen wechseln können, unverwundbar sein, nie krank werden usw. Am 11. August erscheinen in Florenz unter dem Namen Abraham Constantin *Idées italiennes sur quelques tableaux célèbres (Italienische Ideen über einige berühmte Gemälde),* Meditationen über Malerei in Italien von Raffaels «Trasfigurazione» und der «Schule von Athen» über die Stanze, die Fresken in der Farnesina, die Galerien, die Kirchen, die archäologischen Funde in Corneto/Tarquinia bis zu den Malerschulen in Italien, die weitgehend aus der Feder Stendhals stammen. Am 25. September dann veröffentlicht die «Revue Parisienne» Balzacs broschürenlange Besprechung der *Kartause* unter dem Titel «Etudes sur M. Beyle», in der Stendhal von Balzac – völlig richtig – der «klassischen» Tradition der französischen Literatur, der «Ideen-Literatur» zugeordnet wird, in der im übrigen aber dem Enthusiasmus, mit der die *Kartause* als ein Meisterwerk gefeiert wird, eine totale Fehlinterpretation, ja Verfälschung und platte Überarbeitung der *Kartause* gegenübersteht. Nicht eines der zahlreichen angeblichen Zitate aus der *Kartause* entspricht dem Originaltext: sie alle sind Balzacsche Remakes des Textes, der Balzac zufolge ein Meisterwerk psychologischer Personengestaltung und politischer Analyse, dafür aber «ohne Methode» geschrieben, ja «konfus» sei und sofort mit der Waterloo-Episode beginnen sollte: «…ich lasse auch hinsichtlich dieses schönen Werkes nicht über die wahren Prinzipien der Kunst mit mir handeln», tönt er. «Die Hauptregel ist die Einheit in der Komposition. Ob Sie diese Einheit in der Hauptidee sehen oder in der Handlung, ohne sie herrscht nur Konfusion. Trotz des Titels ist dieses Werk daher beendet, als der Graf und die Gräfin Mosca nach Parma zurückkehren und Fabrice

Olof Johan Södermark: Stendhal (1839/40)

Erzbischof wird.»[136] Die Kritik wird noch härter: Balzac, der wie bereits in seinem Brief vom 5. April 1839 den Handlungsort Parma in dem nach wie vor als machiavellistisch verstandenen Roman verurteilt und im übrigen die *Kartause* für einen «puritanischen» Text hält, «keuscher als der puritanischste aller Romane Walter Scotts»[137], erklärt, daß der Protagonist in der Stendhalschen Gestaltung bar jeder Qualität und jeden Interesses sei. Wenn Stendhal das Leben Fabrice' hätte darstellen wollen, dann hätte der Roman «Fabrice, oder der Italiener im neunzehnten Jahrhundert» heißen müssen: «Wenn er diesen jungen Mann schon zur Hauptgestalt des Dramas machen wollte, so wäre er verpflichtet gewesen, ihn wenigstens mit einem großen Gedanken auszustatten, mit einem Empfinden zu begaben, das ihn über die anderen geistreichen Menschen hinaushöbe, die ihn umgeben, und das ihm abgeht... Der Geist des Katholizismus müßte ihn mit seiner göttlichen Hand zur *Kartause von Parma* leiten...»[138] Davon, wie Balzac sich diese Überarbeitung vorstellt, gibt er u. a. eine Idee, indem er unterstellt, Fabrice habe nach Waterloo beim Nachdenken über die Berufswahl erwogen, «Kaufmann» zu werden.[139] Geradezu vernichtend aber ist Balzacs Urteil über Stendhals Stil. Grammatikfehler, Tempusfehler, zu viele Relativanschlüsse beanstandet er: «Seine langen Sätze sind schlecht konstruiert, seine kurzen sind kantig. Er schreibt ungefähr so wie Diderot, der kein Schriftsteller war...[140]

Positiv ist dies alles nicht unbedingt, nein, zum Teil eher unverschämt, und drei Antwortentwürfe Stendhals zeigen, wie verlegen ihn Balzacs vergiftetes Lob gemacht hat. Gewiß, da ist auch Genugtuung, denn selbst eine problematische Besprechung von dieser epischen Länge aus der Feder eines bedeutenden Autors wie Balzac ist bereits ein Triumph, ganz abgesehen davon, daß ja auch Rühmliches über das «Meisterwerk» gesagt wird. Dennoch gibt Stendhal die Unverschämtheiten an Balzac zurück, wobei er im übrigen auf einigen Grundpositionen seines eigenen Schreibens insistiert: auf der Verachtung des zeitgenössischen Publikums, dem Verzicht auf einen Handlungsentwurf, dem Streben nach Spontaneität und Schnelligkeit des Schreibaktes, der Verachtung für die Regeln, die Balzac so oberlehrerhaft ins Feld führt (und die Stendhal La Harpe assoziiert), und für den *style bourgeois* jener Autoren, denen er auch Balzac zurechnet: Joseph-Marie de Maistre, Villemain, George Sand, Chateaubriand, Walter Scott, Etienne Jean Delécluze, Victor Hugo. Trotzig lobt er Homer, Ariost, Tasso und beharrt auf seinem stilistischen Credo, das im Lob Madame de La Fayettes, Corneilles, Montesquieus, Fénelons, ja des Marschalls Laurent Gouvion Saint-Cyr und des «Code civil», des republikanischen Gesetzbuches, gipfelt. *Ich kenne nur eine Regel,* schreibt er und denkt einmal mehr an Boileau, *klar zu sein... Wenn ich die Dunkelheit der Dinge auch noch mit der Dunkelheit des Stils à la Villemain oder Madame Sand... vergrößern würde, dann würde absolut niemand mehr den Kampf zwischen der Herzogin [Sanseverina] und Ernest [Ranuce] IV. begreifen...*

Raffael: La trasfigurazione (1519/20)

Gestatten Sie mir ein schmutziges Wort: ich möchte der Seele des Lesers nichts abwichsen.[141] Hat Balzac aber den Sinn des Kampfes zwischen der Sanseverina und Ranuce IV. verstanden? Stendhal versucht, ihn ein wenig in die richtige Richtung zu lenken. Die zeitgenössischen Bezüge zu realen Gestalten der Tagespolitik weist er zurück und fragt dafür: *darf man Fabrice «unseren Helden» nennen? …. Muß man die Episode der «Fausta», die beim Schreiben sehr lang geworden ist, streichen?* Merkwürdige Fragen, gewiß, aber die Exegetik hat über sie sowenig nachgedacht wie Balzac, dem Stendhal immerhin noch konzediert, er wolle den Stil, wo nötig, überarbeiten. Mit derartigen stilistischen Überarbeitungen aber hatte Stendhal bereits von sich aus begonnen: er wird seine Bemühungen bald einstellen und ganz etwas anderes tun. Statt die von Balzac vorgeschlagenen Streichungen vorzunehmen, entwirft er Zusatzkapitel und Erweiterungen, die ganz bestimmten (enigmatischen) Aspekten wie zum Beispiel der unaufhebbaren Qualität Fabrice', *Vasi* zu sein, *Barometerhändler, der seine Ware mit sich trägt,* noch größeres Gewicht geben.

Anfang März 1841 in Civitavecchia. Stendhal überarbeitet die ersten Kapitel von *Lamiel*. Am 15. März hat er einen Schlaganfall: *Ich habe mit dem Nichts gekämpft,* schreibt er an Domenico Fiore.[142] Rekonvaleszenz. Ab 8. November Erholungsurlaub in Paris. Kaum geht es ihm besser, macht er neue Pläne, denkt an eine zweite Edition der *Kartause,* an *Lamiel* und *Suora Scolastica.* Am 15. März 1842 schlägt ihm die «Revue des Deux Mondes» einen Vertrag

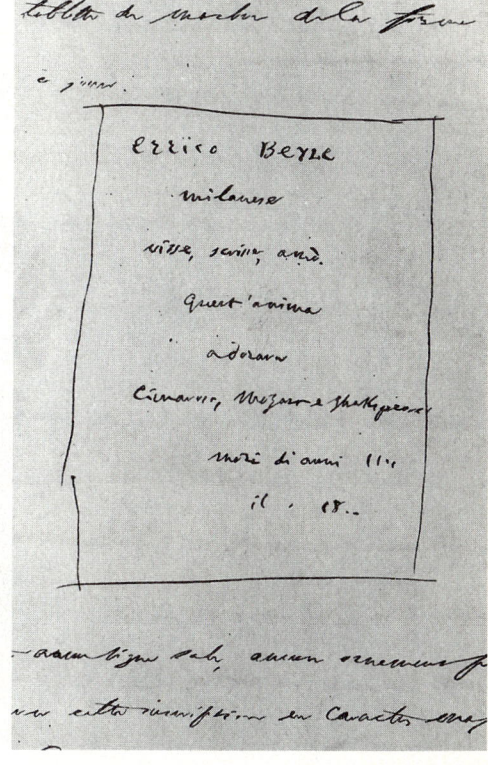

Stendhals Entwurf für seine Grabinschrift

für Novellen vor und bietet 5000 Franken. Stendhal, der u. a. an *Le Rose et le Vert* denkt, willigt ein und erhält am 22. März einen Vorschuß von 1500 Franken. Er arbeitet an *Suora Scolastica*, verläßt dann sein Hotel und erleidet ganz in der Nähe, in der Rue Neuve-des Capucines, um 19 Uhr einen weiteren Schlaganfall. Zufällig kommt Romain Colomb dazu und läßt ihn in das Hotel transportieren. Stendhal stirbt dort in Gegenwart von Colomb und Abraham Constantin noch in derselben Nacht, ohne sein Bewußtsein wiederzuerlangen: ein unendlich produktives Leben ist zu Ende gegangen, ein Feuerwerk abgebrannt. Am 24. März 1842 wird er auf dem Friedhof Montmartre beigesetzt: er hatte von einem Grab in Italien geträumt, auf dem stehen sollte *Hier ruht Arrigo Beyle, Mailänder: er lebte, schrieb, liebte.*

Das Grab Stendhals auf dem Friedhof Montmartre

Zu Stendhals Nachleben

Die Forschung hat es ausgerechnet: Stendhal hat mit seinem Schreiben 75 Centimes pro Tag, 270 Francs pro Jahr verdient: er war arm, als er starb, und die Reaktion der (literarischen) Öffentlichkeit auf seinen Tod war eher dürftig: ein Nachruf im «National», ein anderer im «Courrier», sonst nur karge Mitteilungen. Ein Jahr später immerhin nimmt Auguste Bussière Stendhal in der «Revue des Deux Mondes» in das Pantheon der bedeutenden zeitgenössischen Autoren auf. Aber Prosper Mérimée, der einen Nachruf für die «Revue des Deux Mondes» verfassen soll, stellt fest, daß er nicht genug Material besitzt und schreibt den Nachruf nicht, hintertreibt dafür aber einen Nekrolog Romain Colombs. Erst 1850 veröffentlicht er das eher boshafte Porträt «H. B.» Tatsächlich sieht es so aus, als sei Stendhal definitiv von der Bühne abgetreten. Doch Colomb schlägt sich tapfer für das Andenken seines Cousins, sorgt für Neuauflagen von *Rot und Schwarz* und der *Kartause* bei Hetzel und gibt 1853 bis 1856 bei Lévy die erste «Gesamtausgabe» heraus: es war kaum die Hälfte des Stendhalschen Opus.

Romain Colomb

Im Anschluß an diese Ausgabe veröffentlichte Sainte-Beuve im Januar 1854 einen Essay, in dem er Stendhal vor allem deswegen als Musik- und Kunstkritiker und als Reisebuchverfasser lobt, weil er den Franzosen kosmopolitisch den Blick über die nationalen Grenzen eröffnet habe. Die Romangestalten jedoch seien Verkörperungen von zwei, drei Ideen, «Automaten, keine lebenden Wesen», und im Gegensatz zu Balzacs Behauptungen gäbe es in der *Kartause*, die er eine «italienische Maskerade» nennt, weder «Wahrscheinlichkeit» noch «Handlungslogik». Der Verriß mobilisiert die Anhänger Stendhals, deren Engagement in trotzige Reaktion, zum Teil in geradezu kultische Verehrung des verkannten Autors umschlägt, dessen Werk eben nur den ‹happy few› zugänglich sei, den «beylistes». Hippolyte Taine beginnt seinen Essay von 1861 mit dem Satz: «Ich suche ein Wort, um die Art des Beyleschen Geistes zu benennen, und dieses Wort ist ... ‹erhabener Geist›»[144], und dieser «erhabene Geist» habe nur «erhabene Wesen» dargestellt. Damit war der (verhängnisvolle) Ton angeschlagen, was um so bedauerlicher war, als darüber die Sachargumente Taines in Vergessenheit gerieten, die darauf beruhten, Sainte-Beuve gegen Balzac insoweit recht zu geben, als Stendhals Romane mit «Realismus» nichts zu tun hätten, sondern an der äußerlichen Wirklichkeit kaum interessierte psychologische Studien seien. Taine legte ferner völlig korrekt offen, daß die Psychologie Stendhals auf den Prinzipien der «idéologues» fußt und daß Stendhals Romangestalten Agenten dieser Schule seien, die unentwegt über die (von den «idéologues» definierten) Beweggründe ihres Handelns nachdächten. Dies erkläre auch Stendhals Desinteresse an «poetischem Stil», weil jede Form von Rhetorik die Analyse der Handlungsmotive verdunkelt hätte.

Wäre auf dieser Ebene eine historische Aufarbeitung der literarischen Produktion Stendhals als Fortsetzung psychologischer Studien in der Tradition der französischen Moralisten und «idéologues» möglich gewesen, die im übrigen auch Nietzsche zu einem begeisterten Stendhal-Leser machen sollte, so bewirkte der hagiographische Stil des Taineschen Essays eine unheilvolle Vermengung der Fragestellungen, und die expandierende Leidenschaft für psychologische Studien machte, daß immer mehr «beylistes» die «erhabenen Wesen» mit ihrem Erfinder, dem «erhabenen Geist», in eins setzten und statt Analysen seiner philosophisch-literarischen Konstruktionen mehr oder weniger hausgemachte psychologische «Erklärungen» des Autors und des Werks vornahmen. Zwar grenzte sich Paul Bourget bereits 1883 von diesem Kult ab, seine große Studie über Stendhal in den «Essais de psychologie contemporaine» begründete aber eine lange Reihe psychologischer (und später auch psychoanalytischer) Untersuchungen von Werk und Autor: von Léon Blums programmatischem «Stendhal et le beylisme» im Jahr 1912 über Paul Arbelets «La jeunesse de Stendhal» (1919), Rudolf Kaysers «Stendhal oder das Leben eines Egotisten» (1928), Stefan Zweigs «Drei Dichter ihres Lebens» (1928), Jean Prévosts «La création chez Stendhal. Essai sur le métier d'écrivain et la psychologie de l'écrivain» (1942), Henri Martineaus «Le cœur de Stendhal» (1952/1953), Georges Blins «Stendhal

LA
CHARTREUSE
DE PARME,

PAR DE STENDHAL
(HENRY BEYLE),

AUGMENTÉE D'UNE NOTICE SUR L'AUTEUR

PAR ÉMILE DE LA BÉDOLLIÈRE.

EDITION ILLUSTRÉE DE 43 VIGNETTES PAR BERTALL.

PRIX : **1** FRANC **50** CENTIMES.

PARIS,
PUBLIÉ PAR GUSTAVE BARBA, LIBRAIRE-EDITEUR,
RUE DE SEINE, 31.
136.

Titelblatt der «Chartreuse de Parme» in der Ausgabe von Emile de la Bédollière, illustriert von Bertall (um 1850)

et les problèmes de la personnalité» (1958) reicht die Flut der psychologisierenden oder psychoanalytischen Arbeiten über das Stendhalsche Ego bzw. über sein Leben bis zu Michel Crouzets – wenn auch streckenweise distanziert-ironischer – insgesamt aber hagiographisch-monumentaler Biographie «Stendhal, ou Monsieur Moi-même» (1990).

Natürlich schloß sich an diese durchaus verdienstvolle, streckenweise aber auch penetrant dem Personenkult opfernde Stendhal-Forschung (deren Zentralorgan noch heute «Stendhal-Club» heißt) eine Unzahl von Untersuchungen an, die Stendhals literarische Werke als Manifestation seiner Psyche deuteten, wobei als mildernder Umstand in Anschlag gebracht werden muß, daß die postume Veröffentlichung von Texten wie des *Journal* (1888), der *Vie de Henry Brulard* (1890) und der *Souvenirs d'égotisme* (1893) natürlich zu psychologisierender Betrachtung einlud, ja, daß der *Brulard* (u. a. mit seiner mustergültigen Analyse eines Ödipus-Komplexes) auch die psychoanalytischen Untersuchungen herausfordern mußte, die inzwischen ganze Bibliotheken füllen. In Mißachtung der von Taine vorgenommenen Abgrenzung des Stendhalschen Werks vom «Realismus» (und weitgehend unbekümmert um die Unterscheidung von moralistisch-ideologischer und moderner Psychologie) verband sich die psychologische (und später psychoanalytische) Exegese mit der auf Nachweis von Realismus erpichten Forschung, die sich rückhaltlos an Balzacs Rezension der *Kartause* orientierte. Tatsächlich hat wohl selten eine Besprechung derart verheerende Konsequenzen für ein Werk der Weltliteratur gehabt wie Balzacs «Etudes sur M. Beyle», von der selbst die abstrusesten Aussagen (wie zum Beispiel über den Puritanismus der *Kartause*) über eineinhalb Jahrhunderte wie Bibelworte gehandelt wurden. Erklären läßt sich diese Kollektivpsychose – vom Bedürfnis nach bequemen Kategorien für die Welterklärung abgesehen – nur aus dem Triumph der Beylisten, den vielen hämischen Äußerungen seiner Zeitgenossen über Stendhal und ihrer Geringschätzung seines Werks das gewaltige Wort des großen Balzac entgegenstellen zu können. Daß dieser selbst Stendhals Werk kategorisch aus dem Bereich des «Realismus» ausgegrenzt und der französischen Klassik in der Nachfolge Racines zugeordnet hatte und daß die sich daran anschließende, vermeintliche Präsentation und Besprechung der *Kartause* ein «realistisches» Remake des Textes durch Balzac darstellte, geriet dabei ebenso aus dem Blickwinkel wie Sainte-Beuves Beanstandungen, die 1881 noch einmal von Emile Zola bekräftigt wurden, der überzeugende Argumente dafür beibrachte, daß die Romane Stendhals und speziell die *Kartause* weder «realistisch» noch politisch-«machiavellistisch» sein konnten. Im wahrsten Sinne blindlings folgte (vor allem) die (akademische) Exegetik dem, was sie für analytische Einsicht Balzacs hielt, und trug Material zusammen, um die «machiavellistische» und historiographische Dimension der als politisch-historisch verstandenen *Kartause* und im Anschluß daran aller anderen

Werke nachzuweisen, die historischen Gestalten zu identifizieren, denen die fiktiven nachgestaltet waren, sowie die Seelentiefe des Stendhalschen Personals zu beschwören, wobei der Eifer, mit dem Auskünfte über das erteilt wurde, was die fiktiven Gestalten «in Wirklichkeit» gedacht, empfunden, gemacht hatten oder hätten können oder wollen, bisweilen rührende Dimensionen annahm. Kurz: die Ansicht, Stendhal sei einer der großen Vertreter des «Realismus» gewesen und habe mit Balzac und Flaubert die große «realistische» Trias gebildet, verkam zum Dogma: Hugo Friedrich richtete allein schon mit dem Titel seiner populären Schrift «Drei Klassiker des französischen Romans» irreparables Unheil vor allem in Deutschland an, wo noch 1989 eine durchaus respektable «Geschichte der französischen Literatur» Stendhal sogar als den Begründer des Realismus feierte.[145]

Daß diese Vereinnahmung Stendhals als exemplarischer Repräsentant des «Realismus» politisch durchaus problematisch war, wurde spätestens klar, als die kommunistische Kulturpolitik sowjetischer Prägung den «sozialistischen Realismus» erfand, sich dabei nach verwendbaren Vorvätern umtat und neben Balzac Stendhal rekrutierte, wobei Georg Lukács, der Stendhal 1935 als den (wenn auch weniger erfolgreichen) Bundesgenossen Balzacs im Kampf für den «Realismus» präsentierte, eine durchaus unheilvolle Rolle spielte. Um so interessanter und logischer, daß Stendhal innerhalb dieses Konzeptes als das trojanische Pferd für dissidentische Tendenzen fungieren sollte: Louis Aragon jedenfalls, dessen eigene Romanproduktion einen ununterbrochenen Dialog mit Stendhal darstellt, argumentierte mit dem experimentalen «Realismus» Stendhals gegen die Dogmen des von Balzac abgeleiteten «sozialistischen» und versuchte so, die surrealistischen und die engagiert marxistischen Positionen zu versöhnen und in eigene, avantgardistische Texte zu überführen. Aber diese Position ist so singulär wie das gesamte Werk Aragons: unter der «Realismus»-Walze der gegen Stendhal brüderlich verbündeten «bürgerlichen» und «antibürgerlichen Lager» wurden denn auch alle Beanstandungen an einem «realistischen» Verständnis der Texte Stendhals planiert, die immer wieder vorgetragen wurden und meist von Literaten kamen (obwohl es auch hier manch einen gab, der – wie Alain Robbe-Grillet oder Claude Simon – Stendhal nur durch die Klischees hindurch wahrnehmen konnte, die ihm die literaturgeschichtlichen Manuale à la «Lanson» in den Schulen vermittelt hatten). Bereits im ersten «Surrealistischen Manifest» von 1924 wurde den Romangestalten Stendhals von André Breton das Adelsprädikat des Surrealistischen zugestanden, und Heinrich Mann, der nach Ansicht neuerer Forschung schon zu Beginn des Jahrhunderts die Einsicht in die mythologischen Aspekte der *Kartause* in seiner eigenen «Göttinnen»-Triologie umgesetzt hatte, insistierte (1931) in einem der schönsten Texte, die über Stendhal geschrieben wurden, auf dem Märchencharakter der *Kartause,* eine Ansicht, zu der ungefähr zur gleichen Zeit Giuseppe Tomasi di Lampedusa gelangte, der auch bereits eine mythologische Dimension erahnte. 1981 endlich stellte Julien Gracq kategorisch jeden realistischen Aspekt in der *Kartause* in Abrede und erklärte, es gäbe in ihr «genauso wenig historische, gesellschaftliche, politische oder psychologische Wahrheit wie in den ‹Drei Musketieren›»[146], womit er – ohne dies zu wissen – zu wesentlichen Ansichten Sainte-Beuves zurückkehrte, freilich im Gegensatz zu Sainte-Beuve begeistert von der *Kartause* als poetischem Text.

Auf andere Aspekte im Werk Stendhals wie die Ineinssetzung von Antike, Renaissance und Französischer Revolution, die besonders für die *Kartause* konstitutiv ist und die er von Balzacs schlichter, wenn man will ‹realistischer› Sichtweise abhebt, wies Paul Valéry mit großer Luzidität hin: «Beyle nimmt Napoleons antike Züge, sein italienisches Wesen wahr... den Caesar und den Condottiere. Balzac betrachtet vor allem den Kaiser der Franzosen.»[147] Ferner lenkte Valéry die Aufmerksamkeit auf die Bedeutung der Trivialkunst für Stendhals Produktion, auf die Funktion der fremdsprachlichen Notate innerhalb der Stendhalschen Anti-Stilistik, Bereiche also, die zu jener Zeit in der akademischen Stendhal-Exegese noch keine Rolle spielten. Die war, wie man fairerweise zugestehen muß, noch weitgehend mit der Herausgabe der Werke beschäftigt. Zwar hatte der verdienstvolle Casimir Stryienski gegen Ende des Jahrhunderts einen Großteil der zu Stendhals Zeit nicht erschienenen Texte herausgegeben, aber die Editionen waren unzulänglich, ja zum Teil verderbt, und (vor allem) viele der Fragment gebliebenen Texte waren immer noch nicht publiziert. Von 1927 bis 1937 gab Henri Martineau dann die neunundsiebzigbändige «Edition du Divan» heraus, die zum Teil noch heute herangezogen werden muß, die aber weder komplett noch editorisch zufriedenstellend war und von 1967 bis 1973 weitgehend von den von Ernest Abravanel und Victor Del Litto herausgegebenen «Œuvres complètes» (Cercle du Bibliophile, 1967–1973, 50 Bände) ersetzt wurde, der – von Einzelausgaben und den von Victor Del Litto in der Pléiade herausgegebenen «Œuvres intimes», der «Correspondance», den *Voyages en Italie* und den *Voyages en France* abgesehen – heute wichtigsten Ausgabe.

Erst durch diese editorische Arbeit wurde der Boden für eine grundsätzliche Neubewertung des Stendhalschen Werks vorbereitet: für die literatur- und geistesgeschichtliche Einordnung legte Victor Del Litto 1962 «La vie intellectuelle de Stendhal» vor; die philosophische Dimension seines Werks erforschten Jules Alciatore («Stendhal et Helvétius», 1952) und Fernand Rude («Stendhal et la pensée sociale de son temps», 1967), über Stendhals Verhältnis zur Musik unterrichtete im Anschluß an Romain Rollands großen Essay von 1913 Francis Claudons «L'idée et l'influence de la musique chez quelques romantiques français, et notamment Stendhal» (1979), und über Stendhals Auseinandersetzung mit der Malerei Philippe Berthiers «Stendhal et ses peintres italiens» (1977), und nach und nach begann sich die Stendhal-Forschung auch für Sprach- und Textfragen zu interessieren, wobei die Pioniertaten der Jean Prévost, Maurice Bardèche und vor allem Georges Blins «Stendhal et les problèmes du roman» (1954) nicht unterschlagen, Michel Crouzets «Stendhal et le langage» (1981) und «La poétique de Stendhal» (1983) aber besonders erwähnt sein sollen. Beim Grenobler Kolloquium 1983 aus Anlaß des 200. Jahrestages der Geburt Stendhals begann endlich in der Widerlegung der Balzacschen Lektüre und der Offenlegung der emblematisch-mythologischen Textstrukturen der *Kartause* eine – angesichts der Bedeutung der Balzacschen Hypothek – neue Phase in der Auseinandersetzung mit dem Werk Stendhals.

Natürlich sind in diesem kurzen Überblick viele wichtige Forschungsleistungen von François Michel über Francine Marill Albérès, Victor Brombert, Jean-Pierre Richard bis Gérard Genette unerwähnt geblieben (einen genaueren Überblick gewährt der bibliographische Anhang): im Nachweis der grundsätzlichen Strömungen der Stendhal-Forschung ging es vor allem darum, verständlich zu machen, warum der hier vorgelegte Text nicht beabsichtigt, die literarischen Werke Stendhals einmal mehr hinter Spekulationen über das Stendhalsche Ego, über die tiefen Gefühle der von ihm erfundenen Gestalten oder aber deren «wahre geschichtliche Vorbilder» zum Verschwinden zu bringen. Wenn uns Stendhal heute immer noch interessiert, dann nicht weil er eine unglückliche Kindheit gehabt oder an einigen Feldzügen Napoleons teilgenommen, auch nicht weil er eine mittelmäßige diplomatische Karriere gemacht oder zahlreiche mehr oder weniger interessante Liebschaften gehabt, ja nicht einmal weil er über sich selbst nachgedacht und geschrieben, sondern weil er bedeutende Texte hinterlassen hat. Damit soll keineswegs, wem immer es danach gelüste, untersagt sein, die Texte Stendhals (auch weiterhin) als Vorwegnahme psychoanalytischer Wissenschaft oder als Material für psychoanalytische Arbeit zu benutzen. Freilich wird in dieser Perspektive das, was Stendhal selbst für das Wichtigste erachtete, die sprachliche Gestaltung, zum Sekundären. Tatsächlich hat neuere Forschung begonnen, Stendhal aus den Klischees einer in Stereotypen verfangenen Forschung und ihren falschen Verortungen in «Realismus» oder «Romantik» sowie aus dem Odium des schreibenden Dilettanten zu befreien. Nicht nur die zu gedankenlosen Redensarten verkommenen Behauptungen, daß in der «Nichtvollendung» seiner literarischen Texte Stendhals «Scheitern» als Autor zu diagnostizieren sei (eine These, der u. a. Jean-Jacques Hamm mit seinem Buch über «Le texte stendhalien. Achèvement et inachèvement» (1986) überzeugend widersprochen hat), sondern auch die Unterstellung, Stendhal sei ein «Dilettant» gewesen, gehören in das Märchenbuch der Literaturgeschichtsschreibung. Stendhal gehört in die Tradition der unentwegt über ihre Textarbeit nachdenkenden, experimentalen Autoren, die sich von Cervantes herleitet und Diderot und Sterne als Mitstreiter zählt. In Opposition zur Restauration erschafft er im Rückgriff auf Vergil, Ariost, Cervantes, Montaigne, Shakespeare, Corneille, Molière, Saint-Simon, Montesquieu, Fénelon, Diderot, aber auch Goethe ein Werk, in dem er die sich selbst auferlegte Pflicht erfüllt, die heiter-jakobinische Kunst zu begründen, die nach Waterloo unmöglich geworden schien: seine Botschaft für die, die nach ihm kommen werden. Für uns.

Anmerkungen

Da die vorliegende Arbeit von den französischen Texten ausging, die deutschen Übersetzungen zudem nicht immer zuverlässig sind, wurden alle französischen Zitate (mit Ausnahme des Textes von Simone de Beauvoir) vom Verfasser ins Deutsche übersetzt. Die Stendhal-Zitate stammen aus folgenden Ausgaben:

Amour	=	De l'amour. Hg. von D. Muller und P. Jourda. In. Œuvres complètes. Hg. von V. Del Litto und E. Abravanel. Genève 1966–1972, 50 Bde., Bde. 3–4, Genève o. J.
JL	=	Journal littéraire. Hg. von V. Del Litto, ib., Bde. 33–35, 1970
Lamiel	=	Lamiel. Hg. von V. Del Litto, ib., Bd. 44, 1971
Leuwen	=	Lucien Leuwen. Hg. von H. Debraye, ib., Bde. 9–12, o. J.
Napoléon	=	Napoléon. Hg. von Louis Royer, ib., Bd. 39 (Vie de Napoléon), Bd. 40 (Mémoires sur Napoléon), 1970
Peinture	=	Histoire de la peinture en Italie. Hg. von P. Arbelet, ib., Bd. 26, 1969
Racine	=	Racine et Shakespeare. Hg. von P. Martino, ib., Bd. 37, 1970
Rossini	=	Vie de Rossini. Hg. von H. Prunières, ib., Bd. 22–23, 1968
Théâtre	=	Théâtre. Hg. von V. Del Litto, ib., Bde. 42, 43, 1971
Vies	=	Vies de Haydn, Mozart et Métastase. Ib., Bd. 41, 1970
Romans	=	Romans et nouvelles. Hg. von H. Martineau. Paris 1952, 2 Bde., Bibliothèque de la Pléiade
Corr	=	Correspondance. Hg. von H. Martineau und V. Del Litto. Paris 1962–1968, 3 Bde., Bibliothèque de la Pléiade
OEI	=	Œuvres intimes. Hg. von V. Del Litto. Paris 1981–1982, 2 Bde., Bibliothèque de la Pléiade
Italie	=	Voyages en Italie. Hg. von V. Del Litto, Paris 1973, Bibliothèque de la Pléiade
Voyages	=	Voyages en France. Hg. von V. Del Litto, Paris 1992, Bibliothèque de la Pléiade

1 OEI II 671
2 Ib. 635
3 Ib. 568
4 Ib. 556
5 Ib. 557
6 Ib. 736
7 Ib. 618f.
8 Ib. 564
9 Ib. 869
10 Ib. 596
11 Ib. 780
12 Ib. 564
13 Ib. 598
14 Ib. 609
15 Ib. 552f.
16 Ib. 603
17 Ib. 577
18 Ib. 780
19 Ib. 634
20 Ib. 686
21 Ib. 772. Cf. auch 611
22 Ib. 862–863
23 Ib. 851
24 Ib. 687f.
25 Ib. 752
26 Ib. 825
27 Ib. 952
28 Ib. 764
29 Ib. 770
30 Ib. 618
31 Ib. 818
32 OEI I 904f.
33 OEI II 817
34 Ib. 619
35 Ib. 786f.
36 Ib. 761
37 Ib. 762
38 Ib. 764
39 Ib. 768
40 Ib. 770
41 Ib. 659
42 Ib. 624
43 Ib. 668
44 Ib. 552
45 Ib. 651f.
46 Ib. 682, 789, 796
47 Ib. 700
48 Ib. 706
49 Ib. 948
50 Ib. 935
51 OEI I 3
52 JL 55–60
53 Ib. 54
54 Ib. 54f.
55 Ib. 56
56 Ib.
57 Ib. 59
58 Ib. 102
59 Ib. 110
60 OEI I 372
61 Ib. 362
62 Ib. 142
63 JL I 431; 469
64 Théâtre II 38
65 Ib. 54
66 Ib. 58
67 JL I, 27
68 Ib. 29
69 Napoléon I 18
70 OEI I 486
71 Ib. 534f.
72 Ib. 529
73 Ib. 602
74 Ib. 916
75 Ib. 660
76 Amour I 20f.
77 OEI I 698f.
78 Ib. 655
79 Ib. 812
80 JL II 80
81 JL II 364; 372
82 OEI I 833
83 Ib. 1422
84 OEI II 885f.
85 OEI I 928f.
86 Vies 97f.
87 Ib. 321
88 Peinture II 19
89 Amour I 13f.
90 Ib II 127
91 Racine 39
92 Ib. 4
93 Ib. 79
94 Ib. 80
95 Ib. 151–154
96 Rossini I 4
97 Ib. 155
98 Ib. 84

99 Ib. 289
100 Ib. II 73f.
101 Ib. 168
102 Ib. I 15
103 Ib. 19
104 Ib. II 312
105 Ib. 313
106 Ib. I 177
107 OEI I 919
108 Stendhal ou Monsieur Moi-même. Paris 1990, S. 453
109 Romans I 241
110 Ib. 683
111 Vgl. Brian Juden; Traditions orphiques et tendances mystiques dans le romantisme français (1800–1855). Paris 1971; Manfred Frank: Der kommende Gott. Vorlesungen über die neue Mythologie, Frankfurt a.M. 1982
112 Romans I 672; 698f.
113 OEI II 427
114 Ib. 487
115 Ib. 491f.
116 Ib. 466
117 Romans II 558
118 Corr II 643
119 Leuwen I 380
120 Ib. II 339
121 Ib. 336
122 Ib. III 356
123 Ib. 433
124 OEI II 961
125 Ib. 550
126 Ib. 551
127 Ib. 657
128 Ib. 705
129 Ib. 861
130 Ib. 658f.
131 Ib. 957–959
132 Ib. 959
133 Mémoires d'un touriste. In: Voyages 36f.
134 Lamiel 6f.
135 Ib. 67f.
136 OEI II 370
137 Balzac: Etudes sur M. Beyle (Frédéric Stendalh). In: Œuvres diverses. Hg. von M. Bouteron und H. Lognon. Paris 1940, 3 Bde., III, S. 371–405, 401
138 Ib. 382
139 Ib. 401f.
140 Ib. 382
141 Ib. 402f.
142 Corr III 395–405
143 Ib. 434
144 Hippolyte Taine: Stendhal. In: H. Taine: Nouveaux essais de critique et d'histoire. Paris 1865, S. 223
145 Französische Literaturgeschichte. Hg. von Jürgen Grimm. Stuttgart 1989, S. 251
146 En lisant en écrivant. Paris 1981, S. 62
147 Paul Valéry: Œuvres. Hg. von Jean Hytier und Agathe Rouart-Valéry. Paris 1957–1960, 2 Bde., Bibliothèque de la Pléiade, I. S. 559

Zeittafel

1783	Henri-Marie Beyle wird am 23. 1. als Sohn des Advokaten Chérubin Beyle und seiner Frau Henriette Gagnon sowie als Enkel des Arztes Henri Gagnon geboren
1786	Geburt der Schwester Pauline-Eléonore
1788	Geburt der Schwester Marie-Zénaïde-Caroline
1790	Am 23. 11. stirbt Henriette Gagnon im Kindbett. Entdeckung des «Don Quijote» und des Theaters
1794	Inhaftierung Chérubin Beyles
1796	Aufnahme in die Ecole Centrale von Grenoble. Erstes Dramenprojekt *(Selmours)*
1797	Liebe zu Virginie Kubly
1799	Aufbruch nach Paris. Krankheit. Aufnahme im Haus Daru
1800	Beschäftigung im Kriegsministerium. 7. 5. Aufbruch nach Italien. Oktober Ernennung zum Unterleutnant im 6. Dragoner-Regiment. Entdeckung Cimarosas
1801	Garnisonsleben. 18. 4. Beginn des *Journal*. Übersetzung von Goldonis «Zelinda e Lindoro.» Verschiedene Dramenprojekte
1802	Rückkehr nach Grenoble, dann Paris. Abschied von der Armee. Arbeit am *Pharsalia*-Projekt. Verhältnis mit der Mutter seiner Cousine Adèle Rebuffel
1803–04	Besuch von Theater und Oper. Dramenprojekt *Les deux hommes*. Beginn der Arbeit an der Komödie *Letellier*. Schauspielunterricht bei Dugazon. Liebe zu Mélanie Guilbert («Louason»). Studium Destutt de Tracys. Lektüre des «Génie du Christianisme» von Chateaubriand. *Filosofia nova*
1805	Versuch einer kaufmännischen Laufbahn in Marseille. Verhältnis mit «Louason», die in Marseille débütiert
1806	Trennung von «Louason». Studium von Helvétius, Hobbes, Lancelin, Cabanis, Pinel, Madame de Staël. 3. 8. Aufnahme Beyles in die Freimaurerloge Sainte-Caroline. Hilfsadjutant der Kriegskommissare in Deutschland. Am 13. 11. Ankunft in Braunschweig, wo er zwei Jahre Verwaltungsarbeit leisten wird
1807	Liebe zu Wilhelmine von Griesheim, Verhältnis mit Charlotte Knabelhuber. Geschichtsstudien in Wolfenbüttel

1808 Rückkehr nach Paris
1809 Auf dem Schlachtfeld in Süddeutschland. Wien. Liebe zu Alexandrine Daru. Verhältnis mit Babet Rothe. Beginn der Verehrung Mozarts
1810 Paris. Ernennung zum Auditeur und Inspektor des Mobiliars und der Gebäude der Krone. Liebt Alexandrine Daru und hat Verhältnis mit der Sängerin Angéline Bereyter. Beginn des Nachdenkens über Kristallisation. Studium der politischen Ökonomie (Adam Smith, Malthus). Zusammenarbeit mit Crozet: Studium Shakespeares. Entwurf des *Beylisme*
1811 Studium der Reisebücher von des Brosses zur Vorbereitung der Reise nach Italien. 29. 11. Aufbruch nach Mailand. Liebe zu Angela Pietragrua. Reise durch Italien. 26. 9. Entdeckung Bronzinos. Entdeckung von Luigi Lanzis «Storia pittorica» und Beginn der Arbeit an *Histoire de la peinture en Italie*. Im November Rückkehr nach Paris. *Mr. Myself*
1812 23. Juli Aufbruch nach Rußland. 14. 9. Moskau. Tod Gaëtan Romains. Flucht über Königsberg zurück nach Paris. Verlust seiner *Malerei*-Manuskripte
1813 Marschbefehl nach Deutschland. Schlacht bei Bautzen. 6. 6. Ernennung zum Intendanten von Sagan. Krankheit. Über Paris zurück nach Mailand. Studium Molières und A. W. Schlegels. 14. 11. Rückkehr nach Paris. Plan, sein Italien-Tagebuch zu veröffentlichen
1814 Organisation des Widerstands in Grenoble. Ende des Empire. Waterloo. Rückkehr der Bourbonen. Versetzung in den Wartestand bei Halbierung seines Soldes. Rückkehr nach Mailand. Ende des Verhältnisses mit Angela Pietragrua. Beginn der Übersetzung der «Haydine» von Carpani. Arbeit an der *Malerei*
1815 In Mailand: die Scala. Veröffentlichung von *Haydn, Mozart et Métastase*. Auseinandersetzung mit Carpani
1816 Begegnung mit den Mailänder Romantikern um den «Conciliatore» und mit den Redakteuren der «Edinburgh Review»
1817 Reisen nach Rom, Neapel, Grenoble, Paris und London. 2. 8. Veröffentlichung von *Histoire de la peinture en Italie*. 13. 9. Veröffentlichung von *Rome, Naples et Florence en 1817*. Arbeit an einer *Vie de Napoléon* (postum)
1818 Liebe zu Matilde («Métilde») Viscontini-Dembowski. Essay über das Sprachenproblem in Italien (postum)
1819 Tod von Chérubin Beyle
1820 Arbeit an *De l'amour*
1821 Rückkehr nach Paris. Reise nach England: bei Miss Appleby im Bordell
1822 Veröffentlichung von *De l'amour*. Beginn der Mitarbeit an englischen Zeitschriften
1823 8. 3. Veröffentlichung des ersten *Racine et Shakespeare*. 18. 11. Veröffentlichung der *Vie de Rossini*
1824 Verhältnis mit Clémentine («Menti») Curial. Stendhal bespricht den «Salon» im «Journal de Paris»
1825 Anfang März Veröffentlichung des zweiten *Racine et Shakespeare*. Dezember 1825 Veröffentlichung von *D'un nouveau complot contre les industriels*
1826 Bruch mit «Menti». In England mit Sutton Sharpe

1827	Reise nach Italien. 24. 2. zweite Ausgabe von *Rome, Naples et Florence*. Anfang Juli Ausweisung aus Mailand. 18. 8. erscheint *Armance*.
1828	Stendhal versucht, eine Bibliothekarsstelle zu erhalten. Dramenprojekt *Henri III*
1829	Verhältnis mit Alberthe de Rubempré («Madame Azur»). 5. 9. Veröffentlichung von *Promenades dans Rome*. 13. 12. Veröffentlichung von *Vanina Vanini* in der «Revue de Paris». *Mina de Vanghel* (postum)
1830	Verhältnis mit Giulia Rinieri: Heiratsantrag. Definitive Preisgabe des Dramenprojekts *Letellier*. Mai und Juni Veröffentlichung von *Le coffre et le revenant* und *Le philtre* in der «Revue de Paris». Juli-Revolution. Arbeit an *Le Rouge et le Noir*, das im November erscheint. 25. 9. Ernennung zum Konsul von Triest. Ab November in Triest. Verweigerung des Exequatur
1831	Ernennung zum Konsul in Civitavecchia. Ankunft 17. 4. Arbeit an *Le Juif* und Redaktion von *San Francesco a Ripa* (beide postum). Seit 1831 Leben zwischen Civitavecchia und Rom
1832	Arbeit an *Une position sociale* und *Souvenirs d'égotisme* (beide postum)
1833	Giulia lehnt den Heiratsantrag ab. Entdeckung der alten italienischen Manuskripte. Urlaub in Paris. Auf der Rückreise Begegnung mit Musset und George Sand
1834	Intrigen Lysimaque Taverniers. Heiratsprojekt in Civitavecchia. Im Mai Beginn der Arbeit an *Lucien Leuwen* (postum)
1835	Im Januar Ernennung zum Ritter der Ehrenlegion. 22. 11. Abbruch der Arbeit an *Lucien Leuwen*. Beginn der Arbeit an der *Vie de Henry Brulard* (postum)
1836	26. 3. Gewährung eines Urlaubs in Paris. Abbruch der Arbeit am *Brulard*
1837	Reise durch Frankreich. Arbeit an den *Mémoires sur Napoléon* (postum) 1. 3. Veröffentlichung von *Vittoria Accoramboni* und am 1. 7. von *Les Cenci* in der «Revue des Deux Mondes». Arbeit an *Le Rose et le Vert* (postum)
1838	Veröffentlichung der *Mémoires d'un touriste*. Am 15. 8. *La Duchesse de Palliano* in der «Revue des Deux Mondes». 16. 8. erste *idea* der *Chartreuse de Parme*. Nach einer ersten Version des Waterloo-Kapitels und der Redaktion der *Abbesse de Castro* schreibt Stendhal die *Chartreuse* vom 4. 11. bis 26. 12.
1839	1. 2. und 1. 3. *L'Abbesse de Castro* in der «Revue des Deux Mondes». 6. 4. Veröffentlichung der *Chartreuse*. Arbeit an *Féder, Suora Scolastica, Trop de faveur tue, Le Chevalier de Saint-Ismier* (alle postum). Rückkehr nach Civitavecchia am 10. 8. Oktober bis Dezember erste Version von *Lamiel*
1840	Liebe zu «Earline». Entwurf von *Don Pardo* (postum). Veröffentlichung der *Idées italiennes sur quelques tableaux célèbres*, die in Zusammenarbeit mit Abraham Constantin entstanden waren. Weiterarbeit an *Lamiel* und Redaktion der *Privilèges* (postum). 25. 9. Veröffentlichung von Balzacs Besprechung der *Chartreuse* in der «Revue Parisienne»
1841	15. 3. Schlaganfall. Erholungsurlaub. Rückkehr nach Paris am 8. 11.
1842	15. 3.–22.3. Verhandlungen mit der «Revue des Deux Mondes» über Novellen. 22. 3. um 19 Uhr Schlaganfall. Stendhal stirbt, ohne das Bewußtsein wiederzuerlangen. 24. 3. Beerdigung auf dem Friedhof Montmartre

Zeugnisse

Johann Wolfgang von Goethe
Vorstehendes sind Auszüge aus einem seltsamen Buche: Rome, Naples et Florence, en 1817. Par M. de Stendhal, Officier de Cavalerie. Paris 1817, welches Du Dir notwendig verschaffen mußt. Der Name ist angenommen, der Reisende ist ein lebhafter Franzose, passioniert für Musik, Tanz, Theater. Die paar Pröbchen zeigen Dir seine freie und freche Art und Weise. Er zieht an, stößt ab, interessiert und ärgert, und so kann man ihn nicht loswerden. Man liest das Buch immer wieder mit neuem Vergnügen und möchte es stellenweise auswendig lernen. Er scheint einer von den talentvollen Menschen, der als Offizier, Employé oder Spion, wohl auch alles zugleich, durch den Kriegsbesen hin und wider gepeitscht worden. An vielen Orten ist er gewesen, von andern weiß er die Tradition zu benutzen, und sich überhaupt manches Fremde zuzueignen. Er übersetzt Stellen aus meiner italiänischen Reise und versichert das Geschichtchen von einer Marchesina gehört zu haben. Genug, man muß das Buch nicht allein lesen, man muß es besitzen.
Brief an Karl Friedrich Zelter vom 8. März 1818

Johann Wolfgang von Goethe / Johann Peter Eckermann
Mittwoch den 17. Januar 1831 ... Wir sprachen ... über «Rouge et Noir», welches Goethe für das beste Werk von Stendhal hält. «Doch kann ich nicht leugnen», fügte er hinzu, «daß einige seiner Frauencharaktere ein wenig zu romantisch sind. Indessen zeugen sie alle von großer Beobachtung und psychologischem Tiefblick, so daß man denn dem Autor einige Unwahrscheinlichkeiten des Details gern verzeihen mag.»
Gespräche mit Goethe, 1835

Honoré de Balzac
Monsieur Beyle hat [mit der *Kartause*] ein Buch geschrieben, in dem sich das Sublime von Kapitel zu Kapitel entfaltet. Er hat ... ein Werk verfaßt, das nur von ... den wahrhaft erhabenen Menschen geschätzt werden kann. Kurz: er hat den «Modernen Prinzen» geschrieben, den Roman, den Machiavelli schreiben würde, falls er im 19. Jahrhundert, aus Italien verbannt, lebte. Deswegen besteht auch das größte Hindernis dafür, daß Monsieur Beyle zu verdientem Ruhm gelangt, darin, daß die *Kartause von Parma* die Leser, die in der Lage wären, sie zu genießen, nur unter den Diplomaten, Ministern, Beobachtern, den bedeutendsten Leuten der

Gesellschaft, den ausgewählten Künstlern, kurz: unter den zwölf- oder fünfzehnhundert Personen finden könnte, die sich an der Spitze Europas befinden.

Etudes sur M. Beyle (Frédéric Stendalh, 25. August 1840)

Prosper Mérimée
Ich stelle mir vor, daß irgendein Kritiker im 20. Jahrhundert die Bücher von B im Sammelsurium der Literatur des 19. entdeckt und daß er ihnen die Gerechtigkeit widerfahren läßt, die sie bei den Zeitgenossen nicht gefunden haben. So ist der Ruhm Diderots im 19. Jahrhundert gewachsen. So ist Shakespeare, der zu Saint-Evremonds Zeiten vergessen war, von Garrick entdeckt worden. Es stünde sehr zu wünschen, daß B's Briefe eines Tages veröffentlicht werden. Sie würden einen Menschen bekannt machen und lieben lassen, dessen witziger Verstand und hervorragende Qualitäten nur noch in der Erinnerung einer kleinen Zahl von Freunden leben.

H. B., 1850

Gustave Flaubert
Ich kenne *Rot und Schwarz*, was ich schlecht geschrieben und bezüglich der Charaktere und der Absichten unverständlich finde. Ich weiß wohl, daß die Leute mit gutem Geschmack nicht meiner Meinung sind ... Was Beyle angeht, habe ich nach der Lektüre von *Rot und Schwarz* nichts vom Enthusiasmus Balzacs für einen derartigen Schriftsteller verstanden.

Brief an Louise Colet, 22. November 1852

Charles Augustin de Sainte-Beuve
Der Fehler des Romanautors Beyle ist, zu dieser Art Komposition über die Kritik und gewisse aprioristische ... Ideen gelangt zu sein. Er hat dieses große und fruchtbare Talent, eine Geschichte zu erzählen, in die die Personen ... selbstsicher einziehen und sich dann bewegen, von der Natur nicht erhalten: er formt seine Gestalten nach zwei oder drei Ideen, die er richtig und vor allem pikant findet. Das sind keine lebenden Wesen, sondern geistreich konstruierte Automaten, an denen man beinahe bei jeder Bewegung das Gestänge sieht, das der Mechaniker einführt und von außen manipuliert.

Causeries du Lundi, 9. Januar 1854

Hippolyte Taine
Ich suche ein Wort, um die Art Geist von Beyle auszudrücken, und dieses Wort ist, wie mir scheint: e r h a b e n e r   G e i s t ... Ein derartiger Geist ist schwer zugänglich, denn man muß aufsteigen, um zu ihm zu gelangen. Die Masse wird nicht zu ihm gelangen, denn sie haßt die Anstrengung. Er strebt nicht danach, von ihr gelobt zu werden, sondern sie zu führen, denn sie ist unten, und man müßte hinabsteigen. Im übrigen lebt er sehr gut in Einsamkeit oder in kleiner Gesellschaft: von dieser Höhe sieht er besser, weiter, tiefer. Da er die Dinge beherrscht, sucht er nur die aus, die die seines Interesses würdigsten sind, um sie zu beobachten und darzustellen.

Stendhal (Henri Beyle), 1. März 1864

Emile Zola
Stendhal ist der Übergang von der metaphysischen Konzeption des 18. Jahrhunderts zur wissenschaftlichen des unseren. Wie die Schriftsteller der zwei Jahrhunderte, die hinter ihm liegen, verläßt er den Bereich der Seele nicht und sieht im Menschen nur eine noble Denk- und Leidenschaftsmechanik. Aber wenn er auch noch nicht bis zum physiologischen Menschen mit dem Spiel aller Organe vorgedrungen ist, der inmitten und unter Einfluß der Natur funktioniert, muß doch hinzugefügt werden, daß seine Metaphysik nicht mehr die Racines ist, ja nicht einmal die Voltaires. Condillac hat seine Spuren hinterlassen, der Positivismus scheint auf: man fühlt sich auf der Schwelle eines Wissenschaftsjahrhunderts.
Les romanciers naturalistes, 1881

Paul Bourget
Henri Beyle befand sich gegenüber seinen Zeitgenossen in derselben Situation wie der Julien Sorel seines *Rot und Schwarz* gegenüber den Seminaristen, seinen Gefährten: «Er konnte nicht gefallen, weil er so verschieden war ...» Im Gegensatz dazu ähnelt er ... vielen unserer Zeitgenossen, die im Verfasser der *Erinnerungen eines Touristen* und der *Kartause von Parma* in gewisser Hinsicht so etwas wie einen Zeugen avant la lettre für die modernste Empfindsamkeit sehen.
Essais de psychologie contemporaine, 1883

Friedrich Nietzsche
Einen letzten Zug zum Bilde des freigeisterischen Philosophen bringt Stendhal bei, den ich um des deutschen Geschmacks willen nicht unterlassen will zu unterstreichen – denn er geht w i d e r den deutschen Geschmack. «Pour être bon philosophe», sagt dieser letzte große Psycholog, «il faut être sec, clair, sans illusion. Un banquier, qui a fait fortune, a une partie du caractère requis pour faire des découvertes en philosophie, c'est-à-dire pour voir clair dans ce qui est.» ... Bei allen tieferen und umfänglicheren Menschen dieses Jahrhunderts war es die eigentliche Gesamt-Richtung in der geheimnisvollen Arbeit ihrer Seele, den Weg zu jener neuen S y n t h e s i s vorzubereiten und versuchsweise den Europäer der Zukunft vorwegzunehmen ... Ich denke an Menschen wie Napoleon, Goethe, Beethoven, Stendhal, Heinrich Heine, Schopenhauer; man verarge es mir nicht, wenn ich auch Richard Wagner zu ihnen rechne ...
Jenseits von Gut und Böse, 1886

Friedrich Nietzsche
Vielleicht bin ich selbst auf Stendhal neidisch? Er hat mir den besten Atheisten-Witz weggenommen, den gerade ich hätte machen können: «Die einzige Entschuldigung Gottes ist, daß er nicht existiert.»
Ecce homo, 1889

Gustave Lanson
Der Mann ist ziemlich vulgär, ein wenig abstoßend, mal pöbelhaft, mal angeberisch: man hat ihm keinen Dienst damit erwiesen, indiskreterweise sein Geschmiere [d. h. die autobiographischen Schriften], seine plattesten und dümmsten Anmerkungen auszubreiten. Er hat in zwei oder drei Romanen und in einigen

Novellen alles gesagt, was er zu sagen hatte: man muß ihn – wie unsere Klassiker –
dort suchen, und nirgendwo anders. Von den großen Linien seines Lebens abgesehen, sind die privaten Ereignisse seines Lebens kaum von Interesse.

Histoire de la Littérature Française, 1894

Romain Rolland
Das, was das Denken Stendhals historisch interessant macht, ist, daß er sich zwischen zwei Welten befindet. Und zweifellos behauptet er, der anzugehören, die zu Ende geht, «ein Mensch eines anderen Jahrhunderts, in Sachen Musik, in allem». Aber er tut sich unrecht. Niemand hat wie er das Gespür für das neue Leben gehabt, und niemand hat sich so entschieden zu seinem Vorreiter gemacht. Wieviel Engagement für die Romantik und gegen die Klassizisten, und das seit 1814!

Stendhal et la musique, 1913

Stefan Zweig
Stendhal hat ein ganzes Jahrhundert, das neunzehnte, übersprungen, er startet im Dix-huitième, im groben Materialismus bei Diderot und Voltaire und landet mitten in unserem Zeitalter der Psychophysik, der Wissenschaft gewordenen Seelenkunde. Es hat, wie Nietzsche sagt, «zweier Geschlechter bedurft, um ihn irgendwie einzuholen …». Erstaunlich wenig an seinem Werk ist veraltet und erkaltet, ein gut Teil seiner vorausgenommenen Entdeckungen längst Gemeingut … Lange hinter seinen Zeitgenossen, hat er sie schließlich alle überflügelt mit Ausnahme Balzacs, denn so antipodisch sie auch im Kunstwerk sich gegenüberstehen, nur diese beiden, Balzac und Stendhal haben ihre eigene Epoche über sich hinausgestaltet …

Drei Dichter ihres Lebens, 1925

Paul Valéry
Beyle hatte glücklicherweise von dem Jahrhundert, in dem er geboren war, die unschätzbare Gabe der Lebendigkeit erhalten. Nie haben die schwerfällige Präpotenz und die Langeweile einen kampfbereiteren Gegner gekannt. Klassiker und Romantiker, zwischen denen er sich bewegte und brillierte, forderten seine präzise Verve heraus … Stendhal … ist einer der Halbgötter unserer Literatur geworden, ein Meister dieser abstrakten und glühenden Literatur, die trockener und leichter ist als jede andere, charakteristisch für Frankreich. Das ist ein Genre, das nur auf Handlung und Ideen setzt, das den Dekor verschmäht, das auf die Harmonie und die Ausgewogenheit der Formen pfeift … Dieses Genre ist immer schnell, willentlich unverschämt. Es scheint zeitlos zu sein und irgendwie ohne Materie. Es ist extrem persönlich, unmittelbar auf den Verfasser bezogen, verwirrend wie ein Antwortspiel, und es hält sich von jedem Dogmatismus und jeder Poesie fern, die es gleichermaßen verabscheut. Man wünschte, nie mit Stendhal aufzuhören. Ein größeres Lob sehe ich nicht.

Stendhal, 1927

Heinrich Mann
Stendhal vertraute auf die Zukunft der Wahrheiten, obwohl er seine Zeitgenossen für ausgemachte Heuchler hielt. Er trennte sich von ihnen und bemerkte kaum, daß er nicht als denkendes Wesen, wohl aber als fühlendes, durchaus von ihrer Art

war. Er empfand wie ein Romantiker, der Verstand hingegen überprüfte die Regungen, und der Stil, in dem er sich zu schreiben bemühte, war der nüchterne und starke des Code Napoléon. Er war einfach vollständiger als die anderen ...

Stendhal, 1931

Giuseppe Tomasi di Lampedusa
Die *Kartause* quillt über von Dramen, doch sie kommen mir wie Riffe unter einer starken, aber ruhigen Strömung reinen Wassers vor, das von ihnen nicht aufgewühlt wird. Für mich ist dies der Triumph der A t a r a x i e : ihre Gestalten bewegen sich in göttlicher Ruhe, graziöse Schwäne, die auf dem Fluß Lethe dahinziehen.

Lezioni su Stendhal (Anfang der dreißiger Jahre)

Georg Lukács
Balzac ist ... der tiefere und umfassendere Realist von beiden Schriftstellern ... Balzac und Stendhal berühren sich darin, daß bei beiden Realismus und Hinausgehen über das durchschnittlich Alltägliche zusammenfallen, weil für beide Realismus gleichbedeutend ist mit dem Suchen nach dem unter der Oberfläche verborgenen Wesen der Wirklichkeit. Jeder aber hat von diesem Wesen andere Vorstellungen. Balzac und Stendhal repräsentieren eben zwei diametral entgegengesetzte, aber historisch berechtigte Stellungnahmen zur damaligen Phase der Menschheitsentwicklung. Und gerade deshalb müssen sie in allen schriftstellerischen Fragen – mit der Ausnahme der allgemeinen Frage des Realismus – diametral auseinandergehen.

Balzac als Kritiker Stendhals, 1935

André Gide
Was die Lebendigkeit des Stils von Stendhal ausmacht, ist, daß er nicht wartet, bis der Satz sich ganz in seinem Kopf geformt hat, um ihn zu schreiben. Ich erinnere mich an eine Stelle (in *Armance*, wie ich glaube), wo er sagt: «Octave ... sprach viel besser, seitdem er seine Sätze begann, ohne zu wissen, wie er sie beenden würde.»

Journal, 1942

Simone de Beauvoir
Stendhal beschränkt sich nie darauf, seine Heldinnen nur in Abhängigkeit von seinen Helden zu beschreiben: er gibt ihnen ein eigenes Schicksal. Er hat etwas noch Selteneres versucht, etwas, was kein Romancier, glaube ich, sich je vorgenommen hat: er hat sich selbst in eine Frauenfigur entworfen ... Stendhal hat dem jungen Mädchen [Lamiel] alle nur möglichen Hindernisse in den Weg gelegt ... Aber von dem Tag an, da sie die ganze Tragweite des kleinen Satzes «das ist dumm» begreift, räumt sie alle moralischen Schranken auf ihrem Weg beiseite. Durch ihre geistige Freiheit ist sie imstande, selbst die Verantwortung für alle Regungen ihrer Neugier, ihres Ehrgeizes und ihrer Fröhlichkeit zu übernehmen. Bei einem so entschlossenen Herzen müssen die materiellen Hindernisse sich unweigerlich von selbst beseitigen, und Lamiels einziges Problem wird darin bestehen, in einer mittelmäßigen Welt ein ihr angemessenes Schicksal zu gestalten. Sie wird sich im Verbrechen und im Tod erfüllen, aber das ist auch Juliens Los. In der bestehenden

Gesellschaft ist kein Platz für große Seelen: Männer und Frauen befinden sich da in derselben Lage.
>   Le deuxième sexe, 1948 (Das andere Geschlecht. Sitte und Sexus der Frau.
>   Aus dem Französischen von Uli Aumüller und Grete Osterwald)

Louis Aragon
Was die Eingriffe des Autors angeht, die ich [in der «Karwoche»] eingeführt habe, kenne ich keinen Text, der von irgendeiner Autorität verfaßt wäre, der derartiges dem sozialistischen Realismus untersagte. Balzac wollte dies Stendhal verbieten. Aber dem Realismus von Stendhal hat dies keinen Abbruch getan. Jeder weiß, daß ich hinsichtlich der französischen Quellen des sozialistischen Realismus mehr auf seiten Stendhals stehe als Balzacs.
>   L'auteur parle de son livre, 1959

Claude Simon
Was mich betrifft, so mag ich noch soviel nachdenken, es gelingt mir nicht, in einer derartigen Erzählung [der *Kartause*] (die von einer verblüffenden Ungeschicklichkeit bis hinein in den Stil ist ...), etwas anderes zu sehen als eine Abfolge völlig beliebiger Ereignisse, von Zufällen, von Koinzidenzen, die dem Wunder nahekommen. Und da es um einen Roman geht (und also per definitionem um eine Fiktion), kann es mir nicht unbekannt sein, daß die Dinge, deren Ablauf nur von der Phantasie und dem guten Willen des Autors abhängt, genausogut zu jedem Zeitpunkt ganz anders geschehen könnten ...»
>   La fiction mot à mot, 1972

Julien Gracq
Der heitere Ton, in dem Stendhal vom Konflikt der sozialen Klassen spricht ... gehört ganz und gar dem 18. Jahrhundert an, ein Jahrhundert, das für Balzac nie existiert zu haben scheint ... wenn man *Rot und Schwarz* als Beispiel nimmt, ist man gezwungen festzustellen, daß in ihm die zwei tatsächlichen Realitäten im Sinne Balzacs, das Geld und der soziale Aufstieg, im reinen Stil der Märchen behandelt werden ... Ich habe letztes Jahr die *Kartause von Parma* erneut gelesen, und da ich sie mit ausschließlich kritischen Augen las, habe ich sie mit bewunderndem und amüsiertem Staunen wieder gelesen: es gab darin nicht eine Unze «Wahrheit», nicht mehr historische, soziale, politische oder psychologische Wahrheit als in den «Drei Musketieren» ....
>   En lisant en écrivant, 1981

Bibliographie

1. Stendhal-Bibliographien

Cordier, Henri: Bibliographie Stendhalienne. Paris 1914
Jourda, Pierre: Etat présent des études stendhaliennes. Paris 1930
Martineau, Pierre: Table de tous les articles parus à ce jour. In: Le Divan 194, 1935, S. 585–621
–: Table de tous les articles parus de 1936 à 1950. In: Le Divan 276, 1950, S. 473–501
Royer, Louis: Bibliographie Stendhalienne (1928–1937, index décennal). In: Petite Revue des Bibliophiles Dauphinois, 2ᵉ série, III, S. 53–59; S. 99–106; S. 135–144; IV, S. 65–82; S. 203–224; S. 285–318, Editions du Stendhal Club Nr. 32, 33, 34
Del Litto, Victor: Bibliographie Stendhalienne (1938–1943). In: Annales de l'Université de Grenoble. Nouvelle série. Section Lettres-Droit, XIX, 1943, S. 169–180; XX, 1944, S. 112–127
–: Bibliographie Stendhalienne (1944–1946). Suppléments (1938–1943). In: Annales de l'Université de Grenoble. Nouvelle série. Section Lettres-Droit, XXII, 1946, S. 125–192
–: Bibliographie Stendhalienne (1947–1952). Grenoble 1955
–: Bibliographie Stendhalienne (1953–1956). Lausanne 1958
–: Bibliographie Stendhalienne: seit 1957 fortlaufend in: Stendhal Club
Riehn, Christa: Stendhal en Allemagne (1824–1968), in: Stendhal Club, seit 1966 fortlaufend
Index Général des Œuvres complètes, Band L. Hg. unter der Leitung von Victor Del Litto, Genève 1974, Cercle du Bibliophile

2. Werkausgaben

Œuvres complètes. Hg. von H. Martineau. Paris 1927–1939, 75 Bde., Le Divan
Œuvres complètes. Hg. von V. Del Litto und E. Abravanel. Genève 1966–1974, 50 Bde., Cercle du Bibliophile
Romans et nouvelles. Hg. von H. Martineau. Paris 1952, 2 Bde., Bibliothèque de la Pléiade

Correspondance. Hg. von H. Martineau und V. Del Litto. Paris 1962–1968, 3 Bde., Bibliothèque de la Pléiade

Romans abandonnés. Hg. von Michel Crouzet. Paris 1968, Bibliothèque 10/18

Voyages en Italie. Hg. von V. Del Litto. Paris 1973, Bibliothèque de la Pléiade

Chroniques pour l'Angleterre. Hg. von K. G. McWatters und R. Dénier. Publications de l'Université des Langues et Lettres de Grenoble, 1980

Œuvres intimes. Hg. von V. Del Litto. Paris 1981/82, Bibliothèque de la Pléiade

Voyages en France. Hg. von V. Del Litto. Paris 1992, Bibliothèque de la Pléiade

3. Übersetzungen

Ausgewähle Werke. Hg. von A. Schurig und F. von Oppeln-Bronikowski. Jena 1905–1910, 8 Bde., Diederichs; Neuauflage in 10 Bdn. Berlin 1921–1924

Gesammelte Werke. Hg. von F. Blei und W. Weigand, München 1921–1923, 15 Bde., Müller

Taschenausgabe des Inselverlags ohne Gesamttitel, Leipzig 1920–1928, 8 Bde., Insel

Gesammelte Werke in Einzelausgaben. Hg. von Manfred Naumann. Berlin (DDR) 1959ff., 12 Bde., Rütten und Loening

Werke. Hg. von C. P. Thiede, E. Abravanel u. a. Berlin 1978–1982, 8 Bde., Propyläen

4. Rezeptionsorientierende Studien

Balzac, Honoré de: Etudes sur M. Beyle (Frédéric Stendalh). In: La Revue Parisienne, 25. 9. 1840. Wieder abgedruckt u. a. in Balzac: Œuvres diverses. Hg. von M. Bouteron und H. Lognon. Paris 1940, 3 Bde., III, S. 371–405

Colomb, Romain: Notice sur la vie et les ouvrages de Henri Beyle (1845/1855). Wieder abgedruckt in: Stendhal: Œuvres complètes. Hg. von V. Del Litto und E. Abravanel, Bd. 49, S. 231–329

Sainte-Beuve, Charles Augustin: M. de Stendhal. Ses Œuvres complètes. In: Causeries du Lundi (2. 1. und 9. 1. 1854), Paris 1851–1862, 15 Bde., IX, S. 241–273

Taine, Hippolyte: Stendhal. In: La Nouvelle Revue de Paris, Nr. I, 15. 2.–15. 3. 1864, S. 193–216. Wieder abgedruckt in H. Taine: Nouveaux essais de critique et d'histoire. Paris 1865

Zola, Emile: Stendhal. In: Les romanciers naturalistes. Paris 1881. Wieder abgedruckt in E. Zola: Œuvres complètes. Hg. von Henri Mitterand. Paris 1966–1970, 15 Bde., XII, S. 67–95

Faguet, Emile: Stendhal. In: Revue des Deux Mondes, 1. 2. 1892, S. 594–633

Bourget, Paul: Stendhal (Henri Beyle). In: Paul Bourget: Essais de psychologie contemporaine. Paris 1893, S. 253–323

Rolland, Romain: Stendhal et la musique (1913). Wieder abgedruckt in: Stendhal: Œuvres complètes. Hg. von V. Del Litto und E. Abravanel, Bd. 41, S. vii-liv

Blum, Léon: Stendhal et le beylisme. Paris 1914 (wieder aufgelegt 1983)

Valéry, Paul: Essai sur Stendhal (A propos de Lucien Leuwen). In: Commerce, XI,

1927. Wieder abgedruckt in: Paul Valéry: Œuvres. Hg. von Jean Hytier und Agathe Rouart-Valéry. Paris 1957–1960, 2 Bde., I, S. 553–582, Bibliothèque de la Pléiade

Zweig, Stefan: Drei Dichter ihres Lebens, 1928

Mann, Heinrich: Stendhal (1931). In: Heinrich Mann: Essays. Hamburg 1960, S. 39–63

Lukács, Georg: Balzac als Kritiker Stendhals (1935). In: Georg Lukács: Werke. Neuwied und Berlin 1965, Bd. VI., S. 490–509

Alain: Stendhal. Paris 1935

Friedrich, Hugo: Drei Klassiker des französischen Romans: Stendhal, Balzac, Flaubert (1939). Frankurt a. M. 1973

Auerbach, Erich: Im Hôtel de La Mole. In: Erich Auerbach: Mimesis. Dargestellte Wirklichkeit in der abendländischen Literatur. Bern und München 1946, S 422–459

Beauvoir, Simone de: Le deuxième sexe, Paris 1948 (Das andere Geschlecht. Reinbek bei Hamburg 1992)

Aragon, Louis: La lumière de Stendhal. Paris 1954

Richard, Jean-Pierre: Connaissance et tendresse chez Stendhal. In: J. P. Richard: Littérature et sensation. Paris 1954, S. 17–116

Starobinski, Jean: «Stendhal pseudonyme». In: J. Starobinski: L'œil vivant. Paris 1961, S. 189–240

Genette, Gérard: «Stendhal». In: G. Genette: Figures II, Paris 1969, S. 155–193

Gracq, Julien: En lisant en écrivant. Paris 1983, S. 23–131

5. Biographische Werke, Dokumentationen (Auswahl)

Alter, Robert: Stendhal. Eine kritische Biographie. München 1982 und Reinbek bei Hamburg 1992

Arbelet, Paul: La jeunesse de Stendhal. Paris 1919, 2 Bde.

Benedetto, Luigi-Foscolo: Arrigo Beyle Milanese. Firenze 1942

Berthier, Philippe: Stendhal et la Sainte Famille. Genève 1983

Colesanti, Massimo: Stendhal, la realtà ed il ricordo. Milano 1966

Collet, Annie: Stendhal et Milan. De la vie au roman. Paris 1986f., 2 Bde.

Cordié, Carlo: Ricerche stendhaliane. Napoli 1967

Cordier, Auguste: Stendhal raconté par ses amis et amies. Paris 1893

–: Comment a vécu Stendhal. Paris 1906

–: Stendhal et ses amis. Notes d'un curieux. Evreux 1890

Crouzet, Michel: Stendhal ou Monsieur Moi-même. Paris 1990

Del Litto, Victor: Album Stendhal. Iconographie réunie et commentée. Paris 1966

–: Stendhal en Dauphiné. Paris 1968

–: La vie de Stendhal. Paris 1968

François-Poncet, André: Stendhal en Allemagne. Paris 1967

Hazard, Paul: La vie de Stendhal. Paris 1928

Hoog, Armand: Stendhal avant Stendhal. Vie de Stendhal 1783–1821. Paris 1983

Jourda, Pierre: Stendhal raconté par ceux qui l'ont vu. Paris 1931

Martineau, Henri: Petit dictionnaire stendhalien. Paris 1948

–: Le calendrier de Stendhal. Paris 1950
–: Le cœur de Stendhal. Histoire de sa vie et de ses sentiments. Paris 1952f., 2 Bde.
Martino, Pierre: Stendhal. Paris 1914
Roy, Claude: Stendhal par lui-même. Paris 1960
Thibaudet, Albert: Stendhal. Paris 1931
Weigand, Wilhelm: Stendhal. München 1923
Wood, Michael: Stendhal. Ithaca 1971

6. Kolloquiumsakten, Sammelwerke

Stendhal e la Toscana. Hg. von C. Pellegrini. Firenze 1962
Communications présentées au Congrés standhalien de Civitavecchia. Hg. von V. Del Litto. Firenze, Paris 1966
Stendhal et Balzac. Actes du VIIe congrès international stendhalien. Aran 1972
Stendhal et les problèmes de l'autobiographie. Hg. von V. Del Litto. Grenoble 1976
Stendhal et Balzac II. Actes du VIIIe congrès international stendhalien. Nantes 1978
Stendhal – Balzac. Réalisme et Cinéma. Grenoble 1978
Stendhal, le saint-simonisme et les industriels. Stendhal et la Belgique. Hg. von O. Schellekens. Université de Bruxelles 1979
Stendhal et l'Allemagne. Hg. von V. Del Litto und H. Harder. Paris 1983
Le plus méconnu des romans de Stendhal «Lucien Leuwen». Hg. von Ph. Berthier u. a. Paris 1983
Stendhal: l'écrivain, la société, le pouvoir. Colloque du Bicentenaire (Grenoble, 24–27 janvier 1983). Hg. von Ph. Berthier. Grenoble 1984
Stendhal et le romantisme. Actes du XVe congrès international stendhalien. Aran 1984
Stendhal, Roma, l'Italia. Hg. von M. Colesanti, A. Jeronimidis, L. Norci Cagiano, A. M. Scaiola. Roma 1985. Quaderni di Cultura Francese (Fondazione Primoli)
Le Journal de Voyage et Stendhal. Actes du colloque de Grenoble. Hg. von V. Del Litto und E. Kanceff. Genève 1986
Stendhal et l'Angleterre. Proceedings of the London Colloquium, 13–16 September 1983. Hg. von K.-G. McWatters und C. W. Thompson. Liverpool 1987
La Chartreuse de Parme revisitée. Recherches et travaux, hors série n° 10. Hg. von Ph. Berthier. Université Stendhal – Grenoble 1990
Stendhal et la presse. Recherches et travaux n° 4, Université Stendhal – Grenoble 1990
Stendhal, Paris et le mirage italien. Paris 21. – 22. März 1992. Hg. von V. Del Litto. Paris 1992

7. Untersuchungen zum Werk (Auswahl)

Albérès, Francine-Marill: Le naturel chez Stendhal. Paris 1956
–: Stendhal et le sentiment religieux. Paris 1956
Albert, Mechthild: Unausgesprochene Botschaften. Zur non-verbalen Kommunikation in den Romanen Stendhals. Tübingen 1987
Alciatorre, Jules C.: Stendhal et Helvétius. Les sources de la philosophie de Stendhal. Genève 1952
–: Stendhal et Maine de Biran. Genève 1954
Anjubault Simons, Madeleine: Sémiotisme de Stendhal. Genève 1982
Attuel, Josiane: Le style de Stendhal. Efficacité et romanesque. Bologna, Paris 1980
Bardèche, Maurice: Stendhal romancier. Paris ²1983
Benedetto, Luigi-Foscolo: La Parma di Stendhal. Firenze 1950
Berthier, Philippe: Stendhal et ses peintres italiens. Genève 1977
–: Stendhal et Chateaubriand. Essai sur les ambiguïtés d'une antipathie. Genève 1987
Blin, Georges: Stendhal et les problèmes du roman. Paris 1954
–: Stendhal et les problèmes de la personnalité. Paris 1956
Boll-Johansen, Hans: Stendhal et le roman. Aran 1979
Bonfantini, Mario: Stendhal ed il realismo. Saggio sul romanzo ottocentesco. Milano 1958
Brombert, Victor: Stendhal et la voie oblique. New Haven, Paris 1954
–: La prison romantique. Essai sur l'imaginaire. Paris 1974
Claudon, Francis: L'idée et l'influence de la musique chez quelques romantiques et notamment Stendhal. Lille 1979
Crouzet, Michel: Stendhal et le langage. Paris 1981
–: Stendhal et l'italianité. Essai de mythologie romantique. Paris 1982
–: La vie de Henry Brulard ou l'enfance de la révolte. Paris 1982
–: La poétique de Stendhal. Forme et société. Le sublime. Paris 1983
–: Raison et déraison chez Stendhal. De l'idéologie à l'esthétique. Lille, Bern, Frankfurt a. M. 1984, 2 Bde.
–: Quatre études sur Lucien Leuwen. Paris 1985
–: Le héros fourbe chez Stendhal. Paris 1987
Dédéyan, Charles: Stendhal et les Chroniques Italiennes. Paris 1956
–: L'Italie dans l'œuvre romanesque de Stendhal. Paris 1962, 2 Bde.
Delacroix, Henri: La psychologie de Stendhal. Paris 1918
Del Litto, Victor: La vie intellectuelle de Stendhal. Genèse et évolution de ses idées. Paris 1962
–: Essais stendhaliens. Paris, Genève 1981
Didier, Béatrice: Stendhal autobiographe. Paris 1983
Diefenbach, Dieter: Stendhal und die Freimaurerei. Die literarische Bedeutung seiner Initiation. Tübingen 1991
Doyon, André, Parc, Yves du: De Mélanie à Lamiel ou d'un amour d'Henri Beyle au roman de Stendhal. Aran 1972
Durand, Gilbert: Le décor mythique de la «Chartreuse de Parme». Contribution à l'esthétique du romanesque. Paris 1961

Felman, Shoshana: La folie dans l'œuvre romanesque de Stendhal. Paris 1971
Girard, R.: Mensonge romantique et vérité romanesque. Paris 1961
Guentner, Wendelin A.: Stendhal et son lecteur. Essai sur les Promenades dans Rome. Tübingen 1990
Guérin, Michel: La politique de Stendhal. Paris 1982
Hamm, Jean-Jacques: Le texte stendhalien: achèvement et inachèvement. Québec 1986
Heisler, Marcel: Stendhal et Napoléon. Paris 1969
Hemmings, F. W. J.: Stendhal. A Study of His Novels. Oxford 1964
Hoitsch, Elfriede: Geschichte und Wandel der Stendhal-Kritik in Frankreich. Die Entwicklung des Stendhal-Bildes von seinen Anfängen bis zu Prévosts Werk «La création chez Stendhal». Dissertation. Wien 1972
Imbert, Henri-François: Les métamorphoses de la liberté, ou Stendhal devant la Restauration et le Risorgimento. Paris 1967
–: Stendhal et la tentation janséniste. Genève 1970
Jacobs, Helmut C.: Stendhal und die Musik. Frankfurt a. M., Bern, New York 1983
Jones, Graham C.: L'ironie dans les romas de Stendhal. Lausanne 1966
Klostermann, Wolf-Günther: Der Wandel des Stendhalbildes von Bourget bis Gide. Kiel 1961
Martineau, Henri: L'œuvre de Stendhal. Histoire de ses livres et de sa pensée. Paris ²1966
Matteini, Ottavio: Stendhal e la musica. Eda 1981
May, Gita: Stendhal and the Age of Napoléon. New York 1977
Michel, François: Etudes stendhaliennes. Paris 1972
Naumann, Manfred: Wege zu Stendhals «Rot und Schwarz». In: M. Naumann: Prosa in Frankreich. Studien zum Roman im 19. und 20. Jahrhundert. Berlin (DDR) 1978, S. 11–104
Nerlich, Michael: Die «Kartause von Parma» – ein orphisch-erotischer Avantgarde-Roman. In: Stendhal: Die Kartause von Parma. München 1982, Goldmann Klassiker 7607, S. 589–751
–: Apollon et Dionysos ou la science incertaine des signes. Montaigne, Stendhal, Robbe-Grillet. Marburg 1989
Prévost, Jean: La création chez Stendhal. Essai sur le métier d'écrire et la psychologie de l'écrivain. Paris ²1951
Reid, Martine: Stendhal en images. Stendhal, l'autobiographie et la «Vie de Henry Brulard». Genève 1991
Rude, Fernand: Stendhal et la pensée sociale de son temps. Paris 1967
Schwyn, Walter: La musique comme catalysateur de l'émotion stendhalienne. Zürich 1968
Strickland, Geoffroy: Stendhal. The Background to the Novels. London 1971
Thompson, Christopher W.: Le jeu de l'ordre et de la liberté dans «La Chartreuse de Parme». Aran 1982
Trout, Paulette: La vocation romanesque de Stendhal. Paris 1970
Vigneron, Robert: Etudes sur Stendhal et sur Proust. Paris 1978
Weiand, Christof: Die Gerade und der Kreis. Zeit und Erzählung in den Romanen Stendhals. Frankfurt a. M. 1984

Namenregister

Die kursiv gesetzten Zahlen bezeichnen die Abbildungen

Abaelard, Peter 65
Abravanel, Ernest 132
Albérès, Francine Marill 133
Alciatore, Jules 132
Alexander der Große 41
Alfieri, Vittorio 29, 35, 39, 48, 50, 62
Amoretti, Carlo 50, 59
Ampère, André Marie 67
Ancelot, Arsène 66
Apollinaire, Guillaume 73
Appleby, Miss 67
Aragon, Louis 131
Arbelet, Paul 128
d'Argout, Antoine 66
d'Argout, Virginie (‹Ancilla›) 66
Ariost (Ludovico Ariosto) 11, 17, 22, 24, 123, 134
Auger, Louis-Simon 71

Balzac, Honoré de 89, 105, 116, 121, 123, 125, 128, 130f, 132
Bardèche, Maurice 133
Bayle, Pierre 105
Beauvoir, Simone de 120
Beethoven, Ludwig van 74
Bentham, Jeremy 75
Béranger, Pierre-Jean 67
Berlinghieri, Daniello 85
Bereyter, Angéline 46, 100
Berthet, Antoine 86
Berthier, Philippe 132
Beugnot, Clémentine siehe Clémentine Curial

Beyle, Chérubin 8f, 10f, 12, 15f, 25
Beyle, Henriette 7f, 21
Beyle, Marie-Zénaïde-Caroline 7, *9*
Beyle, Pauline-Eléonore 7, 32f, 54, 96, *8*
Bigillion, François 24
Bigillion, Rémy 24
Bigillion, Victorine 24
Biran, Maine de 36
Blin, Georges 128, 133
Blum, Léon 128
Boileau-Despréaux, Nicolas 20, 34, 60, 95, 123
Bolívar, Simón 77
Bonald, Louis de 38
Bonnot de Mably, Gabriel 75
Bossi, Giuseppe 50, 59
Bossuet, Jacques Bénigne 53
Bourget, Paul 128
Boursault-Malherbe, Alberthe de siehe Alberthe de Rubempré
Breme, Lodovico di 62
Breton, André 120, 131
Brombert, Victor 133
Bronzino (Agnolo di Cosimo) 50
Brosses, Charles de 49
Brulard, Père 13
Brutus, Marcus Junius 69
Bucci, Donato 91
Buffon, Georges Louis Leclerc Graf von 53
Buñuel, Luis 32
Burelvillers, Offizier 26

Burke, Edmund 48, 60
Bussière, Auguste 127
Byron, George Gordon Noel Lord 63, 77

Cabanis, Georges 110
Cabanis, Madame 66
Cabanis, Pierre-Jean 36
Caesar, Gajus Julius 29, 41
Caetani, Filippo 120
Caftangioglou-Tavernier, Lysimaque-Mercure 92
Camillus, Marcus Furius 17
Camus, Albert 98
Canova, Antonio 50, 70
Carnot, Lazare 77
Carpani, Giuseppe 59
Cellini, Benvenuto 94
Cenci, Beatrice 105
Cenci, Francesco 105
Cenci, Lucrezia 105
Cervantes Saavedra, Miguel de 21f, 57, 133f
Chabert, André-Laurent 18
Chateaubriand, François René de 22, 35f, 38, 53, 68, 94, 123
Chatterton, Thomas 98
Chênedollé, Charles-Julien 68
Chénier, André 21, 69
Chénier, Marie-Joseph 21
Choderlos de Laclos, Pierre 14, 119
Cicognara, Leopoldo 59
Cimabue (Giovanni Cenni di Pepo) 59
Cimarosa, Domenico 20, 27, 45, 58f
Cincinnatus, Lucius Quinctius 17
Cini, Giulia 120
Clairaut, Alexis 18
Claudon, Francis 132
Colomb, Romain 17, 79, 81, 126f, *127*
Condillac, Etienne Bonnot de 18, 34, 36, 75
Condivi, Ascanio 59
Condorcet, Antoine Marquis de 36, 75
Constant, Benjamin 77
Constantin, Abraham 91f, 94, 121, 126
Corday d'Armont, Charlotte de (Charlotte Corday) 16, 99

Corneille, Pierre 22, 31, 39, 48, 53, 60, 68, 123, 134
Correggio (Antonio Allegri) 53f
Cortona, Pietro da 53
Courier, Paul-Louis 67
Cousin, Victor 67
Crébillon d. J., Claude Prosper Jolyot de 14
Cromwell, Oliver 77
Crouzet, Michel 62, 82, 130, 133
Crozet, Louis 17, 47f, 49, 57, 60
Curial, Albert Philibert 77
Curial, Clémentine (‹Menti›) 77, 79f, 100, 104, *79*
Cuvier, Georges 66

Daniele da Volterra 50
Dante Alighieri 68
Daru, Alexandrine 45f, 47f, 50, 54, 100, *45*
Daru, Martial 26, 41, 45, 49f, *43*
Daru, Noël 26
Daru, Pierre 26, 45, 47f, 50, 53f, *42*
Diderot, Denis 35, 103, 107, 117, 123, 133f
Dubarry, Marie Jeanne Gräfin 105
Dubois-Fontanelle, Jean-Gaspard 20f
Dubos, Jean-Baptiste 19
Duchesnois, Madame siehe Joséphine Rafuin
Dupuy, Henri-Sébastien 18
David, Jacques Louis 66, 69f
David d'Angers, Pierre Jean 91
Delacroix, Eugène 60, 67, 70, 83
Delavigne, Germain 95
Delécluze, Etienne Jean 66, 123
Del Litto, Victor 28, 132
Delome, Jean-Louis 43
Dembowski, Jan 63
Dembowski, Matilde Viscontini (‹Métilde›) 63f, 65, 77, 97, 100, *63*
Destutt de Tracy, Antoine 34, 36, 60
Duras, Claire de Kersaint Fürstin 80

Enghien, Louis Antoine Henri de Condé, Herzog von 41
Euler, Leonhard 18
Euripides 68
Fabre d'Eglantine, Philippe 31

Faguet, Emile 88
Farnese, Alessandro (Paul III.) 105
Farnese, Giovanna (‹La Vandozza›) 105
Farnese, Giulia 105
Farnese, Pier Luigi 105
Farnese, Ranucio 105
Faure, Félix 17
Fauriel, Claude 67
Fénelon (François de Salignac de La Mothe-Fénelon) 53, 113f, 123, 134
Fichte, Johann Gottlieb 84
Fielding, Henry 98
Fiore, Domenico 67, 91f, 125
Flaubert, Gustave 131
Fogelberg, Bengt Erland 92, 110, 121
Foucault, Michel 101
Fragonard, Jean Honoré 69
Franz IV. von Modena 116
Friedrich, Hugo 131

Gagnon, Elisabeth 12
Gagnon, Gaëtan 54
Gagnon, Henri 12f, 15, 18, 25, *13*
Gagnon, Henriette siehe Henriette Beyle
Gagnon, Romain 14, 25, 54
Gagnon, Séraphie 8, 11, 13, 15, 25
Galilei, Galileo 50
Gattel, Claude-Marie 17
Gaulthier, Marie-Jeanne-Julie (‹Jules›) 96, 104
Gaveaux, Pierre 24
Genette, Gérard 133
Genlis, Madame de 119
Geoffroy, Julien-Louis 38f, 58, 68, 72, *38*
Gérard, François 66, 70
Ghirlandaio, Domenico 59
Giotto di Bondone 59
Giovanni da Bologna 50
Gluck, Christoph Willibald 59
Goethe, Johann Wolfgang von 48, 71, 110, 114, 134
Goldoni, Carlo 28
Goldsmith, Oliver 99
Gomolli, Angelo 50
Gourgaud, Jean-Baptiste (‹Dugazon›) 31

Gracq, Julien 132
Grétry, André-Ernest-Modeste 20, 24
Griesheim, Wilhelmine von (‹Mina›, ‹Minette›) 43, 84, 100, *44*
Grimm, Friedrich Melchior 119
Gros, Antoine-Jean 70, 107
Gros, Louis-Gabriel 18
Grouchy, Charlotte-Félicie de siehe Madame Cabanis
Guercino (Giovanni Francesco Barbieri) 50
Guérin, Pierre Narcisse 30
Guilbert, Mélanie (‹Louason›) 31f, 100

Hamm, Jean-Jacques 133
Haydn, Joseph 45, 58f
Heloise (Héloïse) 65
Helvétius, Claude Adrien 34, 36, 41
Herodot 113f
Hobbes, Thomas 36f
Hobhouse, John Cam 63
Hoffmann, Ernst Theodor Amadeus 116
Homer 113f, 123
Hugo, Victor 67f, 71, 91, 114, 116, 123

Ingres, Jean Auguste Dominique 70

Jaquemont, Victor 67
Janin, Jules 88
Jay, Louis-Joseph 19
Joinville, Louis de 27

Kant, Immanuel 84, 114
Kayser, Rudolf 128
Knabelhuber, Charlotte 44
Knight, Richard Payne 60
Kotzebue, August von 35
Kubly, Virginie 19, 24, 100
Kutendvilde, Herr von 44

La Bruyère, Jean de 53
Lacenaire, Pierre-François 120
La Fayette, Marie Joseph Motier, Marquis de 66, 91
La Fayette, Marie Madeleine Gräfin von 123
La Fontaine, Jean de 14f, 22, 60, 83, 114

La Harpe, Jean-François de 20, 34, 68, 72f, 123
Lamartine, Alphonse de 67f
Lancelin, Pierre François 34, 36, 75
Lanson, Gustave 131
Lanzi, Luigi 50, 59
Las Cases, Emmanuel 104
Latouche, Henri de 80
Lebrun, Charles (Le Brun) 69
Lenzuoli, Roderigo 105f
Leonardo da Vinci 59
Leopardi, Giacomo 81
Le Roy, Joseph 18
Lesage, Alain René 119
Linguay, Joseph 66
Lolot, Nicolas 67
Louason siehe Mélanie Guilbert
Louis-Philippe siehe Ludwig XIX.
Lovejoy, Eliah P. 77
Ludwig XIV., König von Frankreich 40
Ludwig XVIII., König von Frankreich 75
Ludwig XIX., König der Franzosen (‹Bürgerkönig›) 91, 120
Lukan (Marcus Anneus Lucanus) 29
Lukács, Georg 131

Machiavelli, Niccolò 50, 62, 116
Mahler, Alma 83
Maistre, Joseph-Marie de 123
Malthus, Thomas Robert 48, 75
Mann, Heinrich 131
Mante, Fortuné 31
Manzoni, Alessandro 81
Marat, Jean-Paul 16
Mareste, Adolphe de 83
Marivaux, Pierre Carlet de Chamblain de 117
Martineau, Henri 128, 132
Masaccio (Tomaso di Ser Giovanni di Simone Guidi) 59
Mayer, Johann-Simon 27
Mengs, Anton Raphael 50, 54
Mérimée, Prosper 56, 67, 81, 85, 93, 104, 127
Metastasio, Pietro 59
Michaud, Claude 26
Michel, François 133

Michelangelo Buonarroti 50, 53, 59, 61
Michoud, Madame 86
Mignard, Pierre 69
Molé, Louis-Mathieu Graf 92, 104, 117
Molière (Jean-Baptiste Poquelin) 9, 22, 26, 29, 31, 48, 54, 60, 105, 134
Molina, Tirso de 105
Montaigne, Michel Eyquem de 34, 95, 134
Montesquieu, Charles de Secondat, Baron de la Brède et de 53, 105, 123, 134
Monti, Vincenzo 63
Montijo, Gräfin 106
Montijo, Maria-Eugenia 106
Montijo, Maria-Francisca 106
Mounier, Victorine 29f, *29*
Mozart, Wolfgang Amadeus 45f, 54, 58f, 60, 105
Musset, Alfred de 88, 93

Napoleon I., Kaiser der Franzosen (Napoléon Bonaparte) 18, 26, 29, 38f, 41, 53, 56, 59, 62, 67, 73, 75, 87, 97, 100, 104, 107, 112f, 114, 132f, *27, 107*
Nerciat, Andrea de 14
Nietzsche, Friedrich 128
Nodier, Charles 53, 68, 71

Öhlenschläger, Adam Gottlob 84
Ovid (Publius Ovidius Naso) 114

Paesiello, Giovanni 27
Pasta, Giuditta 66
Paul III., Papst, siehe Alessandro Farnese
Pellico, Silvio 62
Pietragrua, Angela 23, 27, 49f, 54, 56, 83, 100, 103, *49, 56*
Pigault-Lebrun, Charles 14, 24, 68
Pinel, Philippe 36
Pisano, Andrea 59
Pison du Galland, Marie 101
Prévost, Jean 128, 133
Prévost d'Exiles, Antoine François (‹Abbé Prévost›) 14

Proust, Marcel 34, 75
Prud'hon, Pierre-Paul 70

Racine, Jean 29f, 31f, 48, 67f, 71, 130
Raffael (Raffaello Santi) 50, 53, 83, 121
Rafuin, Joséphine 30
Raillane, Jean-François 12
Raymond, Marie-Gabrielle 24
Rebuffel, Adèle 30, 100
Rebuffel, Magdelaine 30
Reni, Guido 50
Reynolds, Joshua 60
Ricardo, David 75
Richard, Jean-Pierre 133
Rinieri de' Rocchi, Giulia 85, 91, 93, 100, *86*
Robbe-Grillet, Alain 131
Rolland, Romain 59, 132
Rossini, Gioacchino Antonio 73f, 103
Rothe, Babet 45
Rousseau, Jean-Jacques 11f, 26, 53, 117
Rubempré, Alberthe de 83, 100, *83*
Rude, Fernand 132

Sade, Donatien Alphonse François Marquis de 21
Saint-Cyr, Laurent Gouvion
Saint-Simon, Claude 75
Saint-Simon, Louis de Rouvroy, Herzog von 34, 60, 134
Sainte-Aulaire, Louis Clair Graf von 91
Sainte-Beuve, Charles Augustin 67, 77, 108, 127f, 130, 132
Sand, George 53, 93, 123
Say, Jean-Baptiste 31, 75
Schiller, Friedrich 35
Schlegel, August Wilhelm 54
Schnetz, Jean-Victor 70
Scott, Walter 68, 123
Senancour, Etienne Pivert de 21
Shakespeare, William 21f, 29, 31, 35, 48, 53, 67f, 71, 134
Sharpe, Sutton 67, 79
Simon, Claude 108, 131

Sismondi, Jean Charles Simonde de 43, 75
Smith, Adam 48, 75
Södermark, Olof Johan 121
Sophokles 68
Staël, Anne Louise Germaine Baronin von (‹Madame de Staël›) 32, 36, 60, 62, 67, 71
Stapfer, Philipp Albert 67, 110
Sterne, Laurence 101, 133
Stryienski, Casimir 132

Taine, Hippolyte 59, 128
Talma, François-Joseph 30
Tasso, Torquato 99, 123
Tell, Wilhelm 77
Thiers, Adolphe 104
Thorvaldsen, Bertel 70
Tocqueville, Charles de 105, 114
Tomasi di Lampedusa, Giuseppe 132
Turgot, Anne Robert 75

Uccello, Paolo 59

Valéry, Paul 132
Vasari, Giorgio 50, 59
Vauban, Sébastien 75
Vega Carpio, Lope Félix de 71
Vergil (Publius Vergilius Maro) 29, 114, 119, 134
Vernet, Horace 70, 91
Vidau, Signorina 93
Viganò, Salvatore 58
Vigny, Alfred de 67f
Villemain, Abel-François 53, 68, 71, 94f, 123
Visconti, Matilde siehe Matilde Dembowski
Vismara, Giuseppe 63
Volney, Constantin 43
Voltaire (François Marie Arouet) 12, 53, 117

Washington, George 77
Winckler, C. 59

Zola, Emile 130
Zweig, Stefan 128

Nachbemerkung

Für die Hilfe vor allem in der Beibringung von Literatur danke ich meinen Mitarbeiterinnen Corinna Marschall, Dina De Rentiis, Karla Tutas sowie Frau Waltraud Fabian, Leiterin der Abteilung Kommunikations- und Geschichtswissenschaften der Universitätsbibliothek an der Technischen Universität Berlin.

Für anregende Gespräche bin ich neben meinen Studenten vor allem Philippe Berthier, der so liebenswürdig war, das gesamte Manuskript sorgfältig zu lesen und zu korrigieren, Sybil Dümchen, Jean-Jacques Hamm, Reinhard Krüger, Victor Del Litto, Alain Montandon und Manfred Naumann Dank schuldig.

Ganz besonderer Dank aber gebührt – wie stets – Evelyne Sinnassamy, die einmal mehr alles mit mir diskutiert und mir entscheidend beim Kürzen des Textes geholfen hat. Und unserer Tochter France, die inzwischen selbst Stendhal liest und mir nicht mehr nur mit ihrer Geduld, sondern auch mit «remarques astucieuses» hilft. Mit dem großen Wunsch, daß sie in einer Zeit leben möge, in der die Frau zu der Freiheit gelangt, von der Stendhal träumte, und dem kleinen, daß sie eine freundlichere Erinnerung an ihren Vater bewahre als Stendhal an den seinen, sei ihr dies Buch gewidmet.

Über den Autor

Michael Nerlich, geboren 1939. Studium der Romanistik, Kunstgeschichte und Philosophie. Promotion (1964) und Habilitation (1966) in Köln. Professor für Romanische Literaturwissenschaft an der Technischen Universität Berlin. Herausgeber der Zeitschrift «Lendemains». Vergleichende Frankreichforschung. Buchveröffentlichungen u. a.: Die klassizistische Epentheorie in Spanien 1700–1850 (1964); El hombre justo y bueno: inocencia bei Fray Luis de León (1966); Kunst, Politik und Schelmerei. Romain Rolland, André Gide, Heinrich und Thomas Mann (1969); Kritik der Abenteuer-Ideologie. Beitrag zur Erforschung der bürgerlichen Bewußtseinsbildung 1100–1750, 2 Bde. (1977, engl. Übersetzung 1987); Apollon et Dionysos ou la science incertaine des signes. Montaigne, Stendhal, Robbe-Grillet (1989); Cervantes's ‹Exemplary Novels› and the Adventure of Writing (1990).

Quellennachweis der Abbildungen

Centro Stendhaliano, Biblioteca Comunale di Milano: 2 (Foto: G. Costa, Mailand)
Bibliothèque Municipale de Grenoble: 6, 11, 14, 16, 19, 21, 37, 64, 83, 96, 100, 125, 134
Musée Stendhal, Grenoble: 8, 9, 13, 29, 33, 38, 43, 44, 47, 49, 76, 79, 85, 86, 92, 102, 115, 118, 127
Cliché Studio Piccardy, Grenoble: 10, 126
Aus: Jean de La Fontaine: Erzählungen. Mit Illustrationen von Charles Eisen. Berlin ²1923: 15
Aus: Jean-François Heim/Claire Béraud/Philippe Heim: Les salons de peinture de la Révolution Française 1789–1799. Paris 1989: 22
Bildarchiv Preußischer Kulturbesitz, Berlin: 27, 40
Museo Teatrale alla Scala, Mailand: 28
Documentation photographique de la Réunion des musées nationaux, Paris: 30
Roger-Viollet, Paris: 31
Agence photographique de la réunion des musées nationaux, Paris: 42 oben, 122
Aus: Œuvres intimes. Hg. von V. del Litto. Paris 1981–1982: 42 unten
Copyright The Frick Collection, New York: 45
Aus: Charles McCorquodale: Bronzino. London 1981: 51
Foto Hachette, Paris: 52/53
Staatliche Kunstsammlungen, Gemäldegalerie Alte Meister, Dresden: 55
Aus: Prosper Merimée: H. B. Paris 1850 (ed. 1982): 56
Archiv für Kunst und Geschichte, Berlin: 61, 70, 71, 72, 78, 112
Aus: V. del Litto (Hg.): Album Stendhal. Paris 1966: 63, 109
Aus: Antoine Schnapper: Jean-Louis David und seine Zeit. Würzburg 1981: 69
Aus: Michael Nerlich: Apollon et Dionysos ou la science incertaine des signes. Montaigne, Stendhal, Robbe-Grillet. Marburg 1989: 82
Bibliothèque Spoelberch de Lovenjoul, Institute de France, Chantilly: 93
Aus: Harald Keller (Hg.): Das barocke Rom in Kupferstich-Veduten. Dortmund 1979: 106 (Städelsches Kunstinstitut, Graphische Sammlung, Frankfurt a. M.)
Aus: Jean-Jacques Levêque: L'art ct la Révolution Française 1789–1804. Neuchâtel 1987: 107
Aus: Casimir Leconte (Hg.): L'œuvre de Fogelberg. Paris 1856: 111
Aus: Ch. Gavard (Hg.): Galerie historique de Versailles. Collection de Gravures. Paris 1838: 113
Privatsammlung: 120
Aus: Raffaello. Dipinti su Tabula. Mailand 1956: 124
Aus: La Chartreuse de Parme. Mit Illustrationen von Bertall. Paris um 1850: 129